# 高校教育管理与
# 教师教学能力发展研究

袁　峥◎著

汕頭大學出版社

图书在版编目（CIP）数据

高校教育管理与教师教学能力发展研究 / 袁峥著
. -- 汕头 ：汕头大学出版社，2023.9
　ISBN 978-7-5658-5163-6

　Ⅰ．①高… Ⅱ．①袁… Ⅲ．①高等学校－教育管理－
研究②高等学校－教师－教学能力－研究 Ⅳ．①G640
②G645.12

中国国家版本馆 CIP 数据核字 (2023) 第 211496 号

## 高校教育管理与教师教学能力发展研究
GAOXIAO JIAOYU GUANLI YU JIAOSHI JIAOXUE FAZHAN YANJIU

作　　者：袁　峥
责任编辑：宋倩倩
责任技编：黄东生
封面设计：皓　月
出版发行：汕头大学出版社
　　　　　广东省汕头市大学路 243 号汕头大学校园内　邮政编码：515063
电　　话：0754-82904613
印　　刷：廊坊市海涛印刷有限公司
开　　本：710mm×1000mm　1/16
印　　张：11.25
字　　数：177 千字
版　　次：2023 年 9 月第 1 版
印　　次：2024 年 1 月第 1 次印刷
定　　价：68.00 元
ISBN 978-7-5658-5163-6

# 前　言

教育者的基本胜任能力除了精通某种学科内容知识、掌握学科教学法外，还必须具备在教育教学过程中能够将信息技术与学科内容知识、学科教学法整合应用的能力。教育教学能力内涵发展的轨迹与社会、经济和技术发展的轨迹始终保持一致的趋势，是不随个人好恶而改变的客观事实。高校教师紧随时代前进的步伐，不断提升自身教学能力，是促进自身专业发展的客观必然要求。高校教师教学能力的参差不齐和整体上的差强人意，揭示出教师的教学观念和教学模式存在较大提升空间的客观现实。

本书属于高校教育管理与教师教学能力发展研究方面的著作，从高等教育管理的概念入手，从多个方面展开论述，阐述了高校教育学生管理、高校教育教学与行政管理、高校教育管理模式创新的途径等高校教育管理方面的研究，随后对教师教学能力发展进行了研究，由高校教师教学能力发展的影响因素与发展途径、高校教师信息化教学能力发展路径、高校教师教学能力专业化发展等部分构成，全书主要研究高校教育管理与教师教学能力发展，对从事高校教育管理与教师教学能力发展研究的学者与工作者有学习和参考的价值。

本书在撰写过程中，为提升学术性与严谨性，作者参阅了大量的文献资料，引用了一些同仁前辈的研究成果，因篇幅有限，不能列举，在此表示最诚挚的感谢。由于作者水平、时间和精力有限，在撰写的过程中难免会存在一定不足，对一些相关问题的研究不够透彻，恳请前辈、同行以及广大读者斧正。

# 目　录

# 第一章　高等教育管理概述

## 第一节　高等教育管理的概念

　　本质是事物的根本性质，是事物自身组成要素之间相对稳定的内在联系，是由事物本身所具有的特殊矛盾构成的。就物质运动的形态看，吸收和排斥的矛盾构成力学运动的本质；化合和分解的矛盾构成化学运动的本质；同化和异化的矛盾构成生命运动的本质；生产力和生产关系、经济基础和上层建筑的矛盾构成社会运动的本质；主观和客观、认识和实践的矛盾构成认识运动的本质。本质和必然性、规律是同等程度的概念。组成事物的要素及要素之间的关系结构是事物本质存在的客观基础，一事物和他事物的本质区别是由事物的各个特殊的组成要素及其关系结构决定的。现象是事物的外部联系和表面特征，是事物本质的外在表现。由于事物本质自身的矛盾，本质有时以假象的形式表现出来，假象是事物本质的反面现象：本质和现象是表示事物的里表及其相互关系，反映人们对事物认识的水平和深度的一对哲学概念。世界上的任何事物都是本质和现象的对立统一，透过现象把握其本质是科学的基本任务。本质和现象互为事物的里表，它们是互相依存的。本质决定现象，是现象的根据，本质总要表现为一定的现象；现象是由本质产生的，它总是从不同的侧面这样或那样地体现着事物的本质，它的存在和变化归根结底是从属于本质的。任何现象都是本质的现象，任何本质都是现象的本质。世界上既没有离开现象单独存在的本质，也没有脱离本质的纯粹的现象，皮之不存，毛将焉附。

　　在高等教育管理活动中也不例外，只要有事物发生，反映出来的表象都是它本质的反映。只有从本质方面分析高等教育管理活动，才不至于做出错误决断。下面将从高等教育管理的基本概念、特点、规律等方面来研究高等教育管理的本质。

## 一、管理的一般概念

管理一般是指在特定的环境下，对组织所拥有的资源进行有效的计划、组织、领导和控制，以便完成既定的组织目标的过程。我们在学科体系的理论研究中也提到过，管理是人们依据社会发展的客观规律和在特定历史条件下对各种规律的表现方式进行有意识的调节社会系统内外的各种关系和资源，以便达到既定的系统目标的过程。很显然，这两个方面的表述并不矛盾，只是表述的方式稍有差别而已。前面的表述直接一些，比较简练直观；后面的表述宏观一些，从社会系统的角度和方法进行表述。

这一表述的含义包括以下三个方面。

（1）管理是为实现组织目标服务的，是一个有意识的、有目的的活动过程。管理是任何组织不可或缺的，但绝不是孤立存在的。只要有组织及其活动，就存在管理问题。就管理本身而言，管理不具有自己的目标，不存在为管理而管理，没有活动也就不存在管理问题，管理是依附于活动而存在的，组织活动的目标就是管理的目标，而管理是服务于组织目标的。

（2）管理活动是通过一系列相互关联的资源要素所进行的，管理工作就是要综合运用组织中的各种资源要素，通过计划、组织、控制等来实现组织目标，达到活动的目的效果，这就成为管理的基本职能。

（3）从管理本身来讲，管理活动应该按照自己的规律进行，但是，现实管理活动中的资源并不是孤立存在的，管理工作是在一定环境条件下进行的，管理是一种社会活动，有效的管理必须充分考虑组织的特定环境。

"一般管理理论"是站在高层管理者的角度研究组织管理问题，在此基础上，现代管理理论的研究发展很快，形成了许多管理的经典理论和理论体系。根据研究管理的对象不同，可分为广义的管理和狭义的管理。广义的管理可以是针对大自然中的万事万物的管理。狭义的管理只是针对某项具体活动，以及这些活动中的资源所进行的计划、组织、领导、控制。一般我们研究的管理是指狭义的管理，是指组织管理、行为管理、活动的管理。活动的结果，实际上是人的能动性的结果，管理的实质是人，是管理者与被管理者之间发生的矛盾的解决。既然这样，那么，管理就是管理者、被管理者、事项三方形成的特定的活动。

对于管理的分类，现代管理一般可以从多个方面来进行划分。一是从活动的规模与大小可以分为宏观管理和微观管理；二是从具体的活动的内容可以分为综合管理和专项管理。另外，从管理的形式上，又可以分为紧密管理和松散管理。当然，这些区分也只是相对的。

## 二、管理的基本理论

管理的基本理论有很多，特别是随着现代社会的发展，人们的认识水平的不断提高，社会活动的不断丰富，社会财富与利益驱动机制更加强烈，新的管理理论在创新、在发展。而系统管理理论、人本管理理论、目标管理理论、标准化管理理论、组织管理理论、模糊管理理论、混合管理理论等只是众多管理理论中的一部分，它们既是管理的理论，也是管理的思想和方法。

### （一）系统管理理论

系统管理理论指出，管理的任务就是协调系统中的各个子系统及系统要素，以保持系统的动态平衡，取得系统最佳运行效果。这种管理理论及其方法的核心是把管理作为一个整体的系统，系统就要有系统要素，系统要素就是人、物、活动及其项目。这种管理理论和方法一般应用在大型建设工程、大型活动（内容复杂、组织规模大、投入量大、长时间与长周期）上较为合适，当然，这些也只是相对的，因为大和小本身就是相对的。

### （二）人本管理理论

人本管理理论和方法是以人为中心的管理，实际上，这种管理理论与方法是最难以做好的，如果把握不好，甚至有时候还会出现偏颇。有效的人本管理实质是人的权力的利用和利益的分配，在这种过程中，既要尊重人，又要让人的潜能充分发挥，是一对很特殊的矛盾，往往有时候存在两难的情况。以人为本的管理目的就是发掘人的最大潜能，这种潜能并不完全是指被管理者的，同时也包括管理者，管理者的潜能是工作的积极性和表现出来的工作效益，被管理者的潜能是管理者的思想和艺术施加结果的体现，二者的结合才能达到管理的最大效果。人本管理理论虽然是一个相对比较早的管理理论，但是在实践中成熟应用的并不是很多。究其原因，传统的、单纯的人本管理理论十分强调管理的"人"的素质，可以说，低素质的人是绝对运用不好人本管理理论的，一个管不好自己的人同样也是管理不好别人的，更不用说有效地运用好人本管理理论了。不过，现代的人本管理理论加入了一些新的元素，在人本管理中加入制度管理，形成一种新的意义上的人本管理理论，可以说是现代的人本管理理论的发展。

## （三）目标管理理论

目标管理理论和方法是一种与利益相关联的刚性管理模式。这种管理理论和方法实际上是与价值理论密切相关的，甚至可以说是以价值理论为基础的。要有一个预先设置的价值目标，然后以这种价值目标的实现为核心而展开的管理活动。价值目标的认同是关键，是目标管理的前提。价值目标的确立也是十分重要的，价值目标必须通过全体成员认同，目标管理理论强调组织目标的制定要得到所有组织成员的认同，没有认同感的组织目标是不切实际的目标，是难以达到组织目标的。有人说目标管理只是注重结果，这是十分错误的，最新的目标管理理论不仅仅是注重管理活动的一头一尾，除了最先确定价值目标、最终对完成价值目标的检验结果外，还对过程实施严格监督，让目标按既定的方向完成，不要等到问题成了堆，最后出现一个很糟糕的结果，既成事实不是目标管理的目的，要让管理者与被管理者通过共同的努力，一步一步向既定目标靠近。实现以价值目标为中心而组织的目标管理活动，是一种刚性的量化管理，因此执行也是刚性的。目标管理理论除了注重价值目标外，具体的应用还有一个公平理论问题，这是由目标管理理论的刚性决定的。

### （四）标准化管理理论

标准化管理理论和方法是在专业化管理的基础上，由管理者组织专家制定管理的标准，要通过一定的法律法规程序予以确定。这种管理的思想十分明确，最朴素的道理就是"没有规矩不能成方圆"。标准化管理虽然是组织和专家行为，但标准并不是武断的和空穴来风，既要有权威性，又要有社会基础和群众基础，通过科学的过程来制定。在这一过程中有两个十分重要的环节，一个是标准的制定；另一个是标准的执行。第二个环节是标准化管理的要害，有时候可能还是成败的关键。在管理活动中，有了标准不好好地执行，或者执行起来走样，必将导致标准化管理的全面失败。当然，这不是标准化本身的问题，是实施标准化管理的实践问题。

### （五）组织管理理论

组织管理理论和方法的实质是最高决策层通过设置管理的各级组织，规定各级组织的职能，通过领导核心、组织授权、组织实施等进行的管理。组织管理的重点是组织结构的设计，关键是组织职能的授权。同时，也有人把它归结到组织的层级管理理论、组织的能级管理理论、组织的行为管理理论。组织管理理论要有严密的组织结构，要有明确的组织目标和组织功能，同时，要有一套有效的组织运作机制，否则，再好的科学组织，再完善的组织功能，没有好的运作机制它不可能活起来，甚至导致组织管理活动不可能有效地展开。

### （六）模糊管理理论

这是一种现代的管理思想和方法，特别是在软管理方面，运用模糊数学的管理思想与技术进行管理。这是一种在高层次的人群中实施的行为管理，是一种软性管理。简单管理没有必要运用模糊管理，一般是在复杂的、庞大的、中长周期的、高智商的管理活动中实施。

实际上，在通常的组织活动中，特别是比较大的组织系统中，运用比较多的是混合管理模式。混合管理是多种管理思想和方法的组合，在规模比较大的大型组织中，管理的内容又比较复杂，头绪又很多，多种活动项目的性质差距较大，运用某一种方式来进行全盘的统领往往是不可能的，这就需要运用混合管理的理论和方法来完成。

## 三、高等教育管理概念

高等教育管理是根据高等教育的目的和发展规律，调配高等教育资源，调节高等教育系统内外的各种关系，进行有效的计划、组织、领导和控制，以便达到既定的高等教育系统目标的过程。这是通常给出的高等教育管理的定义。

从教育管理的层面上讲，高等教育是中等教育基础之上的教育，因此，它是指高等教育这一特殊的专业层面上的管理。

从管理的分类上讲，也可以分为宏观高等教育管理和微观高等教育管理。

从管理的内容上讲，可以分为宏观高等教育管理中的战略规划管理、宏观调控管理，微观高等教育管理中的教育组织内部的具体的教育管理活动。从定义分析，高等教育管理具有下述三层含义。

### （一）高等教育管理的依据

高等教育管理的概念首先指明了高等教育管理活动的依据是高等教育的目的和发展规律。高等教育的目的是为社会提供各级各类的高级专门人才，各级各类高级专门人才的教育是指：在类别上为普通高等教育、成人高等教育；在性质上为公办高等教育、民办高等教育；在层次上为专科教育、本科教育、研究生教育。这些教育的目的和目标是管理的根本依据。高等教育受到学生身心发展的影响，通过德育、智育、体育、美育等过程，培养全面发展的人，只有把人作为社会关系的总和来看待，才能对人的发展有全面的理解。因此，各级各类教育过程都有其自身的客观内在规律，只有正确认识它们的客观规律，才能实施科学的管理。高等教育必须受到一定社会的经济、政治、文化制约，并为一定的经济、政治、文化发展服务。因此，生产力和科学技术的发展水平，社会的制度、文化传统都对高等教育活动产生制约；无论是国家宏观的高等教育发展政策的制定，还是高等学校培养人的过程，都必须遵循高等教育的目的和高等教育发展的客观规律。这也是高等教育管理的出发点。

## （二）高等教育管理的任务

高等教育管理的概念指出了高等教育管理的任务，这就是有意识地调节高等教育系统内外各种关系和高等教育资源，以适应高等教育系统发展的客观规律。从一个国家或者地区来讲，高等教育系统是国家或者地区社会系统中的一个子系统；从高等教育组织系统来讲，高等学校也是一个社会子系统。由于系统中存在着多种矛盾，因此，高等教育管理的任务就是协调并最终解决系统中存在的矛盾。在高等教育管理中，要用系统论的眼光来设计高等教育的整体和各部分之间、要素与要素之间、学校系统与外部环境之间、学校系统内部子系统之间的相互关系，树立整体的观念，并通过有效的管理实现系统要素间的整体优化。

## （三）高等教育管理的目的

高等教育管理的概念还指明了高等教育管理的结果是不断促成高等教育系统目标的实现。高等教育管理的目的最终也只是高等教育目的的一种辅助性（工具性）目的。在高等教育系统中，培养人的目的是高等教育的根本目的，高等教育系统的一切工作（包括管理工作）都必须围绕这一目的展开，对高等教育系统中各种关系和资源的协调构成了高等教育管理的目的，它的目的是通过有效的管理，确保高等教育实质性目的的实现。因此，高等教育管理最终也只能是手段。当然，由于高等教育管理有其自身的需要，其自身也有目的，如效率就是管理的目的之一，但它是通过有效的管理来保证高等教育目的有效实现的。

综上所述，不论是宏观的高等教育管理，还是微观的高等教育管理，所依据的都是国家的教育方针，组织的发展目标，活动的游戏规则，高等教育的基本规律，社会政治、经济、文化的发展背景与环境，通过立法、行政、经济、市场等手段进行协调和控制，保证高等教育人才培养质量、推动科学文化知识创新、促进社会进步等目标的实现，最终实现高等教育的可持续发展。

# 第二节　高等教育管理的本质

## 一、高等教育管理的行为

### （一）管理行为

管理活动中的行为具有其特殊的表现形式，它是管理过程和效果的具体体现，过程和效果反映了管理活动的基本特征，那么，要认识管理的这些过程及效果，必须首先分析管理行为，以及这些行为与效果有什么关系。

管理方格理论是基于人们对领导者的一种要求，即不仅要关心生产而且要关心人的重要意义。

把这种方格图作为训练主管人员和明确各种领导方式之间不同组合的手段，这种方格有两个维度，横向维度是"对生产的关心"，纵向维度是"对人的关心"。

"对生产的关心"一般认为是对工作所持的态度，诸如政策决定的质量、程序与过程、研究的创造性、职能人员的服务质量、工作效率及产品质量等。

"对人的关心"也包括许多因素，诸如个人对实现目标所承担的责任、保持下属的自尊、建立在信任而非顺从基础上的职责、保持良好的工作环境及具有满意的人际关系等。有人列出了以下几种类型的领导方式。

1. 贫乏的管理

为完成工作和保持组织士气所需要的最低限度的努力。这种领导者对职工、对生产关心很不够，只以最少的努力去完成应做的工作。这种管理是很少见的。

2. 权威与服从管理

以几乎不考虑人的因素影响的方式安排工作，获取效率。领导者只关心生产，试图把人的因素降低到最低程度，以达到完成生产任务、提高效率的目的。

3. 乡村俱乐部管理

周到地注意人们的需要，以达到友善和舒畅的组织气氛与工作进度。领导者非常注重职工的需要，注意建立良好的人际关系。这种领导者认为，只要职工心情舒畅，生产就能搞好，因此，试图通过创造良好的工作环境、良好的人际关系来提高工作效率。

4. 协作管理

这是一种松散的管理模式，是以一种协作者的心态，工作由所委任的人完成，他们因在组织目标上有共同利害关系而互相依赖、互相信任和尊重，并且相互协作。

根据管理方格的概念，领导者可以对自己的行为做出评价。但是它并不告诉我们，为什么一名领导者会处于方格图中的此处或彼处。需要指出的是，"最好的"方式也只是从理论上说的，要领导者都成为理论上的人也是困难的，每个领导者都应根据不同的环境和因素，选择不同的管理方式和管理行为。

（二）行为类型

在教育行政管理中，管理的内容大致有两类：一类是创建组织机构的行为（为了实现组织的目标）；二是体贴关心下属的行为。创建组织机构的行为是指领导者在描述自己与集体成员之间的关系时，致力于建立被充分限定的组织的类型、建立信息交流渠道及具体实施过程中的所作所为。这主要包括领导者为实现组织目标而与下属的各种相互作用，让下属了解自己的意图和态度；与下属一起实验或实施自己的新想法和新计划；指定下属去完成某些特定的任务；对工作进行检查和评价；制定推行某些标准、制度和规范；促进下属之间的相互合作等。体贴关心下属的行为是指领导者在与下属的相互关系中表示友谊、相互信任和尊重、温暖、支持、帮助及合作的行为。对下属表示理解与支持；愿意倾听下属的意见；关心下属的个人利益；尽量与下属讨论商量问题，让他们参与组织计划；平等公正地对待下属；乐意进行改革；及时将下属的建议付诸实施等。

## （三）高等教育管理中的领导行为

高等教育管理中的领导行为是一种主要的管理行为。这种管理行为同样地可以分为两类：创建组织机构的行为和体贴关心下属的行为。高等教育的领导行为所针对的组织系统、组织目标、组织成员、人际关系等都有自己的特殊性，与其他许多社会系统的情况有所不同。比如，高等学校这一层次的管理中，领导者要全力完成的是教学与科研任务，两者又以人才的培养为核心。但是要搞好教学与科研工作，领导者还必须抓好有关的后勤配套工作，需要从各方面关心支持第一线的教学、科研人员。这就是上面所讲的两类领导行为。从理论上讲，领导者可以调整自己的行为，以适应某一特定的环境和任务。在实践中，领导者不能也不应该只关注某一类行为，而应当根据具体情况决定采取什么样的领导行为。当然，在这种时候，领导艺术是帮助领导者取得成功的必备之物。在宏观高等教育管理中，国家和地方政府对高等教育组织，即高等学校的管理，其中之一就是规范高等教育组织中领导的办学行为，既要按照国家的政策规范办学，又要办出各自学校的特色，这既是矛盾的，又是统一的，最终的目标是一致的。具体来讲，在完成高等教育目标的过程中，各级领导者为实现目标而履行领导的职责时，其关注的行为领域主要有以下几种。

### 1. 行政领导者的行为

它主要包括各级领导者或管理者作为负责人行使领导职责时的行为。领导者的职责就是对目标的实现或目标的改变所需的集体活动进行激励、协调与指导。如果不能做到这一点，那就是对领导责任的放弃。对高等教育系统来说，系统的目标是非常明确的，教育部对国务院负责，各省市教育行政主管部门的行政首长对省市党委和首长负责。一般来讲，到了高等教育组织这一层面，组织领导者的行为要对高等教育主管部门负责。各高等教育组织的领导，围绕着高等教育系统目标进行的活动，在形式和内容上各有特色，即使是同一专业、同一课程的教学活动，在各校之间也是不完全一样的，更由于各校的教师、学生在知识水平、能力结构、兴趣爱好、心理需要及性格特征、校园文化等方面存在着明显的差异，各高等学校的领导者为完成组织目标而行使领导职责时，所面临的环境条件就各不相同，所采取的领导行为当然也是不相同的。

2. 组织集体中的领导行为

这是指高等教育系统中的各级领导者，要为组织目标的顺利实现创造各种各样的条件，对于组织目标的顺利实现而言，领导者的行为所具有的作用分为直接作用和间接作用两个方面。直接作用包括：创建某些专门的组织机构和程序，指定专门的人选去负责完成某项或某方面的工作，对下属的工作进行检查与督促，聘请某一方面的专家等。间接作用包括：不直接参与各类具体的计划，但对计划的制订及实施过程施加各种形式的影响。例如，提倡某种领导风格、实施某种奖惩措施、颁布某类晋升标准等做法都会对各项具体工作的开展产生重大影响，虽然领导者尤其是高层领导者没有直接插手具体工作，换句话说，领导者的行为也许可能不会对某些特定的具体活动产生影响（即起直接作用），但却对这些活动顺利开展并取得成功所依赖和借助的各种组织机构、过程和程序产生了影响。例如，各级政府中的教育行政领导，也许并不过问每所高等学校具体的教学和科研工作，但必须对高等学校培养人才的方向、规格、基本途径、办学思想等进行指导；大学校长也许并不一定过问某一门课程或某一堂课的具体教学活动及其效果，但他可以影响某个院（系）及教务部门在课程安排上的指导思想，影响该院（系）的课程计划或课程体系的目标，从而在某种形式上对各门课的教学活动及其效果产生一定的影响。有时候组织集体中的领导行为是无形的，有时候是起直接影响作用的，或者是干扰性作用的，因为领导的影响行为是权威性的。所以，领导行为应该是分层的、积极的、适度的、有效的。所谓分层，就是指各级的领导行为是有区别的，上一级的领导行为不能做下一级领导行为的事，否则就是越级行为。领导行为的积极性是讲领导的行为对于组织的作用是正面的，不要产生负面影响，否则，领导的行为肯定是错误的行为。领导行为的适度不分哪一级，哪一级领导的行为都必须要有一个度，超过了这个度，可能适得其反。有效的领导行为对管理活动产生好的影响，有效的领导行为是与管理活动的结果相辅相成的，有效与否，由结果来检验。

## 二、本质

高等教育系统相对于其他社会系统有其独特的活动主体和活动目标，这就使高等教育管理同其他社会系统的管理区别开来，表现出它的特殊性。高等教育的总目标是：培养高级专门人才和发展科学技术文化并与社会经济发展的需要相适应。高等教育管理活动就是要在总目标的指导下，把对高等教育系统的战略规划、资源调配通过制度和机制进行协调。高等教育管理的本质就是协调高等教育系统有限资源的投入与高效地实现高等教育总目标的矛盾。

无论高等教育有多么复杂，无论把高等教育系统分解为怎样的子系统，高等教育系统都必然要求各子系统在目标上协调一致。不仅要求每个子系统的目标与整体目标相协调，也要求每个子系统的目标与自己内部的组织成员的个体目标相协调。更重要的是，每个系统的目标与实现这些目标的条件之间需要相互协调，这就形成了管理活动的整体性和普遍性，即每个系统都需要协调。高等教育系统内部的等级层次性导致了高等教育管理活动也具有层次性，这就形成了一个多层的、多级的、专门的分系统，即集合成高等教育的管理系统。协调就是蕴含于各个子系统之间，对各个子系统的目标进行设计、筹集和分配资源，分析系统的活动信息，即通过政策、制度和一些技术手段等协调系统成员的活动，以达到系统所设计的目标。从事这些专门活动的管理人员（或称管理者）的活动所构成的有机整体就是管理系统。

一切规模较大的直接社会劳动或共同劳动都或多或少地需要指挥，以协调个人的活动，并执行生产总体的运动（不同于这一总体的独立器官的运动）所产生的各种职能。一个单独的提琴手是自己指挥自己，一个乐队就需要一个指挥家来指挥乐队。揭示了管理协调所包含的以下几个含义：

（1）管理是集体协作劳动的共同需要，即"或多或少地需要指挥"；

（2）管理必然有管理者，管理协作的对象主要是组织及其成员；

（3）管理是执行生产总体运行所产生的各种职能；

（4）管理的职能主要是指挥和协调他人的活动，同时把自己也处于管理活动之中，以取得成效；

（5）管理的目的是取得比"各个独立的运动"之和更大的效益。

管理活动的普遍性（指管理活动作为人类活动的一个重要方面）普遍存在于所构成的各种组织机构中。专门管理者的出现体现出社会系统在结构层次上的性质，表明个人在社会系统中具有的不同位置、作用和性质。管理活动中人是管理的主体，权力是管理系统赖以存在的基础，权力对人的活动的约束性使人们按一定的方式组织起来，以便实现系统的整体目标，也在一定程度上体现了权力在协调中的作用。协调或称调节是指调整或改善高等学校与校外及校内各部门或成员之间各方面的关系。就一个国家和地区来讲，把高等教育放到社会的大背景中，政府对高会的政治、经济、文化的发展相适应，如果不相适应，就必须进行协调。就高等教育的组织——学校来说，它是高等教育系统中的子系统，学校组织的类型因区域的差别、体制的差别、机制的差异、管理者的差异等出现差异，存在着的矛盾是多种多样的，有总体目标与部分目标之间的、有长期规划与近期打算之间的、有整体利益与部门利益之间的、有组织利益与个人利益之间的矛盾，这些矛盾如果不加以协调和解决，就会影响高等教育系统的运行和发展，也会影响局等教育效益的最优化。高等教育的协调任务与高等教育管理的本质要求是相一致的，体现了高等教育管理的基本矛盾和本质特征。作为高等学校的管理者，应通过领导的权威性和艺术性来调配和协调组织内部的各种资源，实施有效的管理。

了解管理活动中冲突的本质才能对症下药地协调。冲突是指由于工作群体或个人试图满足自身需要而使另一工作群体或个人受到挫折时的社会心理现象。冲突表现为双方的观点、需要、欲望、利益或要求不相容而引起的一种激烈斗争。冲突是人类社会的一种普遍现象，它具有有利和有害两种结果。从有利的方面看，冲突的解决能促进组织的发展，可以增强干劲，形成一种激励力量，它还能促进交流，诱发创新。从有害的方面看，冲突使人产生情绪压力，影响人的身心健康，剧烈冲突带来的破坏作用会浪费资源，不及时解决冲突会影响组织运转，破坏组织目标的实现。因此，必须探讨冲突产生的根源及其解决途径和方法，便于协调。

一般地说，在集体组织成员之中总是存在许多不一致，其中，某些不一致可能上升为矛盾（程度不一的矛盾），这些矛盾关系中比较激烈的便会转变为明显或不明显的冲突。冲突一般分为三种类型：第一类是认知性冲突。由信息因素、知识因素、价值观因素等引起的冲突都属于认知性冲突。这种冲突随着双方认识趋于一致就能得到缓和与克服。第二类是感情性冲突。这是一种由非理性因素引起并为这种非理性因素所控制的冲突，也可能是由认知性因素所诱发，最后为非理性因素所支配的冲突。个性相抵是这种冲突最常见的诱因，它持续时间长，破坏性大。第三类是利益性冲突。这是一种由本位因素引起的目标冲突。社会中的个人和群体在处理问题时所关心的利益不同，从本位出发就可能引发矛盾和冲突，伴随利益的再分配，这种冲突可以克服。在日常的社会活动中，随处存在可能导致冲突的根源，一旦有了起因，这种潜在的冲突随时就会转变为现实的冲突。产生冲突一般有以下原因。

（1）人的"个性"。从人的本性讲，不满情绪积累到一定程度就会形成冲突，需要有适度的发泄。

（2）有限的资源争夺。资源在一所高等学校总是有限的，而需要却是无限的，为争夺有限的资源而产生的冲突在所难免。

（3）价值观和利益的冲突。不同经历的人价值观容易形成冲突，部门和个人都可能因利益而形成冲突。

（4）角色冲突。由于个人和群体所承担的角色不同，而不同的角色都有其特定的任务和职责，从而产生不同的需要和利益，因而发生冲突。

（5）追逐权力，是一种权力欲望的争夺。

（6）职责规范不清楚，导致对任务的要求产生冲突。

（7）组织的变动。组织的变动会导致利益的重新组合而产生冲突。

（8）组织风气不佳。如领导的矛盾和派系"传染"给整个组织而形成的冲突。

单从冲突的结果看，无外乎三种可能：一胜一败、两败俱伤、两者全胜。

显然前面两种结果都不是理想的结果，这些结果往往潜伏着第二次更大的冲突，领导过程应尽量避免这种结果出现。第三种结果是在双方都较满意的基础上解决冲突而得到的，这是可取的解决问题的方案，这就需要很好地进行协调，有效的协调是我们协调的目的。

冲突的协调与解决方法主要包括以下几种。

### （一）认知型冲突的协调

在高等教育系统中，从宏观方面来讲，在高等教育如何适应国家政治、经济、文化的发展，每一个发展时期如何规划，区域高等教育的发展、高等教育发展速度的快慢、高等教育的科类层次结构等的确定，不同的决策者及管理者会产生不同的意见，甚至矛盾。在微观高等教育管理中，学校教育都是非常具体的管理活动，对于学校如何定位、如何发展、如何运用学校有效的教育资源，在培养目标、课程设置、培养计划的拟定和实施、教学与科研活动的具体展开、各项工作的总结评价等方面都可能出现不一致和矛盾，甚至会形成明显的冲突。一般来讲，增加交换看法、进行交流协商的机会，消除可能由于误会与信息不全所导致的认识上的不一致；进行"和平谈判"，把对各种原因和结果的认识都拿到桌面上来，这需要领导者的权威和协调能力；提供学习机会，提高大学组织内成员的认识能力和观念水平，这不仅针对冲突双方，而且针对冲突涉及的各方，大家都需要提高自身的认识水平；调整或改善组织内部的有关结构，使各种不一致、矛盾和冲突能够最大限度地被比较完善的组织结构和人员组合（搭配）所"稀释"和"化解"；用超然的态度承认并超越某种冲突，这种方法可能有助于解决某种矛盾冲突。具体来讲，要解决这类矛盾和冲突，最好的办法就是在学习和研究的基础上，开展对高等教育的教育思想、教育观念的大讨论进行认知统一。要提供公开交流的平台和场所，进行认知交流，认知融化，消除和化解形成矛盾和冲突的原因，使组织成员和冲突各方在观点上达成一致，或者提高他们的认识水平。

### （二）感情型冲突的协调

这是一种非理性的冲突，主要存在于微观高等教育管理的活动中，相对于某个方面的具体事项，带有个人的情感色彩。其原因可能是一些微不足道的小事，也可能是不同的性格、爱好，甚至可能找不到"原因"。在高等教育系统中，解决这类冲突的方法可以通过提高成员的心理素质，使其具有能够承受一定的情感冲突的能力；提高认识水平，认识冲突的原因是微不足道的，认识冲突的结果可能会产生严重后果；施行合理而公正的奖惩手段，坚持规章制度的原则性，对于坚持感情办事而导致不良后果的，做出制度上的处理；进行感情牵引，引导感情向有益的方向发展，如完善和改进目标管理，把成员的注意力集中到实现高等教育目标上去。对于某些历史性的感情冲突，最好的解决办法也许是让时间这位"老人"来协调解决，因为时间可以抚平某些感情创伤，并教会人们许多书本上没有的道理。

## （三）利益型冲突的协调

利益冲突有一种特征，如果利益的消长或损益幅度不超过某一程度，则这种冲突不仅不可怕，而且对集体的凝聚力和组织目标没有太大的影响或破坏作用；如果超过了某一较高程度，则会导致整个组织或系统的瓦解与毁灭。因此，需要解决并能够解决的利益冲突基本上都是处于这两者之间的利益冲突。利益冲突是冲突各方在各自追求效用最大函数值（或最大利益）的过程中构成的冲突。利益冲突所围绕的中心就是利益，而利益在各人的眼中是不一致的。一般来说，出现冲突时，组织中可能存在无数个个体利益或自身利益，也可能存在多个不同规模的共同利益，但最大的共同利益只有一个。对于作为利益代表的个体或群体来说，他们的自身利益也只有一个最大值，这两个最大值就是"自利最优解"和"共利最优解"。解决利益冲突的关键在于如何进行利益的重新分配。如果借用函数求解的方式，当代表多方利益的曲线处于同一坐标系时，共利最优解就不难找到，但要把共利最优解和自利最优解结合起来就不容易了。寻找各方的自利最优解和共利最优解，实际上是一个人对利益的产生和形成的分析过程，而要使自利最优解和共利最优解取得一致，这不仅是一个分析过程，而且是一个策略的实施过程。另外，它们也不是一成不变的，它们会因环境变量的改变而发生变化。因此，利益冲突的解决是个因地制宜的过程。

在高等教育系统中，各子系统，甚至更小的群体和个人，都有自己的切身利益。他们在实现系统目标的过程中也同样追求自己的切身利益。例如，高等学校教师在进行教学科研工作时，一方面在完成高等教育的任务；另一方面也在追求自身的利益——职务的晋升和自我价值的实现。这里，职务晋升就是引起冲突的原因之一，特别是当候选人远远多于晋升名额时，冲突就异常激烈，如何确定好公平合理的晋升方案就是解决冲突的关键。此外，在人员任免、经费分配、改革方案实施等方面，同样存在着各种利益冲突。如果忽视这些矛盾和冲突，尤其是利益上的矛盾和冲突，要想调动全体教职工的积极性，充分发挥他们的创造精神，就可能成为一句空话。在解决这种矛盾时，有两个办法：一是通过政策法规来约束，明确整体与局部利益、局部与局部利益、个人与组织利益、组织与组织利益、个人与个人利益的关系，公平公正地解决这些利益冲突；二是应注意加强思想政治工作，把物质奖励和精神鼓励结合起来，处理好国家、集体、个人三者之间的关系，这是高等教育领导必须研究和解决的重要问题。

　　总之，要充分认识高等教育系统中存在的矛盾运动的规律，特别是在微观高等教育管理中，要按照矛盾运动规律来解决这些问题。具体来讲，个人与个人之间的矛盾主要表现在工资福利、提级晋升、表彰奖励、教育经费分配及学术观点等方面，此时应遵循公正、平等的原则。在个人与整体的矛盾方面，要使系统整体目标与个人的目标相一致，当两者一致时，个人目标的实现可以通过整体目标的实现来达到，整体目标的实现是个人目标得以实现的前提条件。从宏观方面来讲，系统与环境之间的矛盾表现为对高等教育投资少与实现高等教育系统目标、政府包揽过多与高等学校缺乏办学自主权等方面的矛盾，应该也只能通过政策、体制去解决这些矛盾。

　　但是，高等教育系统的三种矛盾是有机地联系在一起的，每一矛盾系列的解决都关系到其他矛盾系列的解决。因此，在高等教育管理活动中，要从整体出发去解决高等教育系统所存在的矛盾，即进行系统的科学的管理。如果不从整体的角度去处理系统内部的矛盾及系统与环境之间的关系，看不到矛盾之间的相互关系和相互转变，那么，就会激化矛盾，破坏高等教育系统内部的稳定性，就不可能实现高等教育系统的整体目标。例如，个人的合理需要得不到满足就会抑制个人的积极性和创造性，个人在工作中就会表现出动力不足，主动精神不够。一旦个人在工作中缺乏主动性就会大大降低劳动效果，这样培养出来的人才质量就难以达到预期的目标。而人才质量的降低，又会引起社会上人才供需关系的变化。这种关系反过来又抑制高等教育的运行和发展。同样，如果系统的整体目标与实现这些目标的现实条件差距过大，则目标就难以达到，这反过来又会挫伤人的积极性。所以，高等教育系统目标的实现过程本质上是一个系统与环境、系统内部矛盾关系不断得到协调和解决的过程。

其实，我们要辩证地看矛盾，特别是高等教育管理活动中的矛盾，从矛盾的普遍性来看，所有的矛盾都有共性，因为产生矛盾的规律性都是一样的。首先，我们要认识到矛盾的存在是必然的，不存在没有矛盾的社会，不存在没有矛盾的管理，人的价值观各异，认识方法和认识水平各异，有矛盾是很正常的，不要因为有了矛盾就惊慌失措。根据动量平衡的观点，管理活动中要有矛盾，有矛盾不是坏事，通过制造合理的矛盾，挑起正常的冲突，当然只是思想上的冲突，在冲突中谋求一致，达到矛盾的解决，在冲突中达到平衡。要善于处理和解决矛盾。矛盾出现并不可怕，可怕的是当矛盾出现以后，我们束手无策，或者捂住矛盾，或者任其发展，有些管理者不善于解决这类认知型冲突的矛盾，甚至不愿意去正视这些矛盾。另外，最不可取的是压制矛盾，结果造成矛盾的激化，这样一来可能会带来新的、更大的冲突，产生更大的矛盾，因为它没有解决矛盾，而是转移了矛盾的方向，使小的矛盾集合成了大的矛盾。

高等教育管理中对待矛盾与冲突要注意以下两个方面的问题。

1. 避免人为地制造矛盾和冲突

从源头上避免矛盾与冲突的出现，这就是我们要注意的源头方面。在制定各种政策和制度时要科学合理，要经过专家论证和民主决策，千万不要匆忙出台不合时宜的政策和制度，特别是避免头痛医头、脚痛医脚地出台政策和制度，为矛盾与冲突埋下祸根，在管理活动中我们也要尽量避免矛盾与冲突。管理活动中避免矛盾与冲突的办法有很多，其中之一是管理活动的透明、公开、公正，而透明的前提是游戏规则的认同。在游戏规则认同的前提下游戏的运作必须透明、公开、公正，只有这样，才能有效地避免矛盾和冲突。我们知道，高等教育管理的本质特征与企业管理、经济管理有很大差别，中国高等教育的管理在具有行政性一面的同时，又是学术性很强的专业管理。行政管理需要很强的透明度，学术管理除了知识产权方面和技术层面比较透明外，纯粹的管理活动更需要讲求透明、公开、公正。只有把握好了透明、公开、公正的度，避免管理活动中人为地制造矛盾和冲突才是可能的。

2. 实事求是地化解矛盾与冲突

矛盾与冲突在管理活动中始终是存在的，关键在于如何去化解。化解矛盾与冲突要本着实事求是的态度。首先，要敢于承担由于管理者的原因引起矛盾与冲突的责任，用真诚来化解矛盾与冲突。其次，一旦矛盾与冲突出现，既不要大惊小怪，也不要消极怠慢，要以积极的心态与行动去化解矛盾与冲突，把矛盾与冲突造成的后果降低到最低程度。

# 第三节　高等教育管理的属性

在社会活动中，为了与高等教育系统整体性相适应，高等教育管理一开始就提出两个目标：一是为使个体同整体相适应，用系统整体去整合各系统的个体，以实现系统整体的功能目标。二是为了实现系统效益的最大值，要求把具有一定功能行为的个体有机结合在一起，达到系统最大"结合力"的功能目标。只有这两个目标的综合，才能使系统整体功能大于系统中各分散个体功能之和。这是高等教育管理的系统属性。这两个目标的矛盾运动决定了高等教育管理的两条基本规律：第一，高等教育管理的自然属性与社会属性趋于一致的规律。自然属性具体表现为高等教育管理的个性和特殊性，社会属性具体表现为高等教育管理的历史继承性和为阶级服务的政治性。第二，高等教育管理的封闭性与开放性的矛盾统一的规律。这是高等教育管理最重要的本质属性。

为什么系统的矛盾运动可以使系统整体功能大于系统各分散个体功能之和？又如何认识高等教育管理的基本属性和规律？对于第一个问题，因为"整合"和"综合"使高等教育系统获得整体的功能目标和最大"结合力"的功能目标，这就具备了系统整体功能大于系统内各成员个体功能之总和的条件。如果系统中的管理者尤其是领导者能够找到两个互为矛盾的平衡点，也就是要求各级管理者，尤其是各级管理的最高决策者，在管理中必须找到两个目标的平衡点，才能保证系统功能放大。高等教育管理具有自然属性与社会属性，高等教育管理活动本身就反映了它的属性。要实现管理的功能，在管理中运用专业的知识，使用某些技术和方法，从而就表现出了它的自然属性。有管理者必然有被管理者，他们之间总是存在着利益、认识、感情等方面的矛盾，在阶级社会里往往表现为阶级矛盾，在市场经济体制出现多元化格局的情况下，宏观高等教育管理中有时候会出现各阶层利益之间的矛盾，在整个国民经济的发展中，教育同其他行业的矛盾，教育内部中高等教育同其他层次教育之间的矛盾等，从而表现出它的社会属性。在不同社会制度的国家里，解决这种矛盾的方法往往是不同的，认识两类属性矛盾的存在和有效地解决这两类矛盾，必将推动高等教育事业的发展和目标的实现。同时，对高等教育系统的封闭性与开放性而言，这是一种客观存在的事实，要注意的是封闭性和开放性是相对的，只有系统与环境进行有效、快速、准确的物质、能量和信息的交换，才能使系统实现整体的功能目标和最大"结合力"的功能目标。

## 一、自然属性与社会属性

高等教育管理的自然属性主要表现在普遍性方面。高等教育的管理是一种社会活动，社会活动的有序进行就需要进行管理，因此，高等教育管理是社会活动中普遍存在的一种管理现象。不论哪个国家，无论哪个历史时期，只要存在高等教育活动，就存在各种培养高级专门人才的活动（包括专业设置、培养目标、课程设计、教学过程、教学方法、教学手段等），就有进行管理的必要。在当今社会中，高等教育已经成为国民的素质需求乃至消费需求，成为国家和民众的普遍需求，特别是在高等教育大众化的时代，高等教育管理已经成为一种普遍的专业管理。高等教育管理的共性方面，即高等教育管理在各个历史发展时期都具有明显的共同点，这些共同点不因国家的政治、经济、文化等差异而有所变更，也不因历史时期的变化而消失。

高等教育管理的社会属性包含两层含义：一是高等教育管理具有历史文化的继承性，即在人类创造历史的过程中，由于社会及自然环境不同所形成的各种地域文化，在高等教育管理活动中留下深深的烙印。这些"印记"在高等教育管理思想上，表现为不能超越一定的社会文化形态及人们的社会心理状态，并且在具有"同源文化"的国家和地区，在高等教育管理思想和管理哲学上具有很大的相似性，而非同源文化中所产生的高等教育管理思想和管理哲学就存在明显的差异。二是高等教育管理具有政治性。因为高等教育管理是与权力关系联系在一起的，高等教育的体制和有些制度、政策总是一种社会制度和政策的一部分，是为一定的政治服务的。在阶级社会里决策者与被管理者之间一般表现为阶级关系。在社会主义社会里，人民群众是社会和国家的主人，社会主义国家的管理者，包括高等教育管理者，是为人民办事的公仆，而不是骑在人民头上的老爷和官僚，如果发生公仆转为主人的现象，就意味着管理的性质发生蜕变了。所以，有人不太赞成高等教育管理具有这样的社会属性，好像是把管理的自然属性社会化了，这是片面的。作为高等教育的管理者，特别是高级的、高层次的管理者，一定要懂得管理的社会属性，高等教育管理必定具有社会属性，并且，要搞清楚管理的社会属性在哪些方面，在我们的管理活动中如何恰如其分地处理好社会属性的问题，是当前高等教育管理者必须懂得的。

自然属性与社会属性是高等教育管理活动本身所具有的两种属性，两者处于矛盾统一体之中。高等教育管理的两个目标，规定了高等教育管理两种属性是对相对统一的矛盾，它具体表现在维持系统整体特性功能目标应具有的稳定性与高等教育管理追求最大"结合力"，要求改变系统结构而产生不稳定性之间的矛盾，此两者之间的矛盾运动，使高等教育管理不断得到改善。同时，高等教育管理的两种属性又统一于高等教育管理计划、组织、领导和控制等管理环节上，根本上统一于高等教育管理的效益上。没有社会属性，没有维持系统整体特性的功能目标，就不会有产生最大"结合力"的需要，高等教育管理的自然属性就失去了存在的基础而无从实现它的自身价值。把高等教育系统内成员的个人目标整合成系统整体特性的功能目标，目的在于把分散的具有一定功能行为的个体结合起来，实现系统功能的"放大"，而离开了自然属性，高等教育管理的社会属性也不可能体现出来，它的社会价值目标也不可能实现。

## 二、封闭性与开放性

高等教育管理的封闭性是指在高等教育管理过程中，根据高等教育管理的特殊矛盾而在高等教育系统内部自我运转和良性循环的性能；高等教育管理的开放性是指在高等教育管理过程中，根据高等教育管理的特殊矛盾而在高等教育系统与外界环境相互关系中，实现物质、能量、信息交换的性能。就高等教育管理的封闭性而言，在高等教育系统内，无论进行哪种高等教育管理工作，一个首要的前提就是在一个相对独立、完整的高等教育系统内部，按照高等教育系统的特定目标而进行优化组合，即在高等教育系统的"投入——加工——产出"的过程中构成一个相对封闭的系统。没有相对的封闭性，高等教育系统就没有相对稳定的环境，任何对高等教育系统的分析及高等教育管理活动过程都不可能按照自己的独特方式运行。

这种相对封闭性是一种客观的存在，是更好地进行高等教育管理的必然要求，当然，完全封闭的高等教育系统是不存在的，因为完全封闭就意味着与环境不进行任何物质、能量、信息的交换，这样的高等教育系必然会逐渐消亡。因此，这就是我们所指的高等教育系统和高等教育管理的封闭性又具有相对性的方面。现代社会中，任何一个系统都不可能是封闭的，封闭是相对的。就高等教育管理的开放性而言，高等教育系统受外界环境的制约和影响，只有开放才能获取更大的信息资源和物质资源，才能进入社会大系统中去循环，去接受洗礼，去成长壮大。纵观中国高等教育的改革与发展、中国高等教育管理现代化进程的不断加快离不开开放，我国高等教育管理的很多思想与观念就是因为通过改革开放得到启发，很多技术与方法就是在国际高等教育的大背景下开发与形成的，现代高等教育管理的进程没有国际化的开放是不行的。没有开放性就没有中国高等教育的大发展，就没有中国高等教育管理的成熟和成长。

故步自封、关门主义使高等教育系统独立于社会大系统之外，是有历史教训的。因为，这个社会不可能停留在古代文法教育时代，教育脱离社会，脱离社会化生产活动，成为贵族教育的一种象征，难以推动社会生产力的发展。现代社会大生产催生了科学教育的迅猛发展，科学教育的内容、科学教育的方法，无不是来自社会的，封闭已经是不可能了。那么，高等教育的管理在思想上首先要开放，要引入先进的管理思想和方法，但不改变高等教育管理的本质，这就是开放性的基本原则，也是封闭性和开放性的矛盾统一的需求点。高等教育管理的封闭性与开放性的矛盾在于：如果片面强调高等教育管理的封闭性，为高等教育系统的"存在"花费更多的人力、物力和财力，那么就会影响系统的外延"发展"，失去取得更大效益的机会；如果片面强调高等教育管理的开放性，过分注意高等教育系统效益的最优化，而忽视甚至否定高等教育管理的相对封闭性，破坏高等教育系统自身，就会只强调系统"发展"而忽视系统"存在"。这将导致高等教育系统的紊乱和能量的消耗，最终将导致系统"存在"基础的动摇。无论是高等教育管理封闭性还是高等教育管理开放性，其目的都是使高等教育系统的生存和健康发展得到保证，具体表现在统一高等教育管理的诸环节上。例如，通过高等教育计划，在解决高等教育系统与环境矛盾中使封闭性与开放性统一起来；通过高等教育组织、领导，在解决高等教育系统内系统与系统、系统与个人矛盾中使封闭性和开放性统一起来；通过高等教育控制，在解决高等教育系统既定目的与实施中偏离目的的矛盾中使封闭性和开放性统一起来。这里要明确的是，高等教育要向世界开放，汲取世界上先进的管理经验，包括一些先进的管理制度。要向其他行业开放，走开放办学的道路，特别是在市场经济体制下，企业管理是最活跃的，产生的现代企业管理的先进理念和方法尤其值得高等教育管理借鉴。

高等教育管理的自然属性与社会属性的两重性是我们要充分认识清楚的。两重性规律以高等教育系统中一切有目的的活动为基础，自然属性和社会属性、封闭性和开放性是高等教育管理本身所固有的。因此，高等教育管理的自然属性及其客观性规律，不仅在对高等教育管理的认识上，而且在高等教育管理的具体活动中都是必须要遵循的。高等教育管理活动中的两重性规律揭示的是高等教育管理固有的自然属性和社会属性、封闭性和开放性及其相互联系，这种联系是由高等教育管理的"整体功能"和"结合力功能"两个目标的矛盾运动所规定的，事实上，两重性从整体上反映了高等教育管理的特殊矛盾。因此，管理属性要素之间的联系是本质的和必然的。

总之，我们研究高等教育管理的自然属性与社会属性、封闭性与开放性，以及它们的规律在高等教育管理过程中是共同存在、相对稳定的，是高等教育管理本质的反映，是高等教育管理的基本规律。

# 第四节　高等教育管理的特点

显而易见，事物之间的区别就在于它的特殊性。了解了高等教育管理的特点，我们就能遵循它的本质规律，有针对性地协调管理活动中的各种矛盾，清醒地驾驭各种管理活动。

## 一、高等教育管理目标的特殊性

高等教育系统目标的特殊性决定了高等教育管理目标的特殊性。高等教育系统的主要目标是根据高等教育的功能来确定的，因此，对管理的功能与目标相应地提出了它的特定要求。高等教育管理的功能就是要通过计划、组织、协调、控制等使高等教育更加符合社会发展的要求，符合社会生产力的要求，这种要求表现在教育的层次、结构、规模、质量等方面的目标。另外，在微观方面，高等教育管理要使组织中的每个成员按高等教育规律办事，更好地完成既定的目标。高等教育系统的目标是根据高等教育规律和社会发展对高等教育的需求来制定的，所以，高等教育系统的协调活动也应该以高等教育的规律为指导，而不能简单地照抄企业管理中的某些方式方法。从这个意义上来说，高等教育的微观管理是以更好地培养人才并且着眼于提高人才的质量为根本目标的管理活动，它不能、也无法以只追求经济效益为目标（更不能以只追求利润为目的）。在市场经济体制下，高等教育要不要考虑经济效益的问题，一直以来都是政府行政管理部门和管理工作者闭口不谈的问题，好像一谈经济效益就乱，就偏离教育方向，而不谈经济效益就"死"，因为，在市场经济体制下没有不讲经济效益的组织，没有不讲经济效益的管理活动。与行政管理、企业管理等其他管理所不同的是，如何将社会效益和经济效益有机结合，纳入高等教育管理的目标中，正确地处理好社会效益与经济效益的关系，是高等教育管理者值得研究的，这也正反映了高等教育管理目标的特殊性。

高等教育管理具有两个最基本的目标功能：一是尽其所能地将系统内的各种关系和资源凝聚起来，形成一个整体，这就是管理的"维系"功能；二是最大限度地围绕系统的整体目标，发挥要素的主动性、积极性，更好地实现高等教育系统的整体目标，这就是管理的"结合"功能或"放大"功能。高等教育系统是由有关教育行政机关和各级各类高等学校所组成的系统，它的结构与功能与其他社会系统有所不同。高等教育在同其他社会系统进行物质、能量和信息交换的过程中，在为社会提供精神产品的同时，也提供物资产品，这种物资产品表现在劳动力方面、科学技术成果方面、现代文明与文化产品方面，也可能形成工业产品。高等教育系统是最具创造力的社会系统，通过各成员、各要素主观能动性的发挥，可以最大限度地实现"系统大于部分功能之和的效果"。但反过来，如果教育者及教育资源中的人的主观能动性发挥得不好，这比其他任何社会系统都更有可能制约生产力的发展。所以，高等教育管理者要充分认识到这两大功能的特殊性，并注意将此二者有机地结合起来，用凝聚力推进整体的结合力，用系统的发展加强整体的凝聚力。

## 二、高等教育管理资源的特殊性

不论是宏观高等教育管理还是微观高等教育管理，高等教育管理资源要素的特殊性具体表现在以下三个方面。

第一，这是由一群高级知识分子组成的特殊的群体，组织及其成员的特殊性就构成了要素的特殊性。从高等教育管理的主体和客体来看，即从管理者和管理对象两个方面来看，组成高等教育系统的主体要素之一是教师，是创造和掌握专门知识的群体。因此，对他们的管理要符合这一群体的心理活动和以个人脑力劳动为主的集体性活动的特征。另外一个高等教育系统的主体性成员之一是学生，是一群18岁以上、受过完全中等教育的青年，对他们的管理和协调方式要符合他们身心发展阶段的特殊性。正是由于高等教育系统组成人员的特殊性，管理中存在着一种特殊的管理现象，这种现象强调和要求自我管理。应该说，自我管理是任何管理中都存在的一种现象，但是，在高等教育管理中，自我管理尤为重要，它是一种身心和智力发展的自我管理，他们需要学到或养成具有自我管理、自我组织、自我发展的能力。他们的心理特征也表明，在教育过程中，完全有必要让其发挥自己的自我组织管理的能力，才能更好地促进发展。所以，管理对象是高等教育管理要素最重要的特点。

第二，教育投资与经费的管理是一项复杂的工作，因为它的用途是复杂的，有时候还不能用绝对的量化管理来处理，有时候投入产出还不能短期内就能见到成效，经济回报率可能很低。这就是高等教育的经费管理有别于企业管理、行政管理、经济管理等的特殊性。

第三，教学与科研的物资设备的管理特殊性，表现在这类资源不完全是生产性资源，这些物资设备是建立在教学科研功能上的，是为了完成教育教学实验实习、科学研究开发等，它不仅仅是一套设备，也可能是一个个教学实验和科学研究的基本平台。

高等教育资源的特殊性构成了高等教育管理的特殊性。高等教育资源是指整个社会用于教育领域中的人力、物力和财力及知识产品、文化产品等的总和，有效的、可利用资源是指高等教育的主办者对高等教育的投入所形成的资源，主要表现在经费投资方面。社会用于教育资源的来源又与社会中的区域发展相关联，与政府对教育的投资相关联。教育是一种事业投资，但是它又不仅仅是纯粹的事业投资，因为它的投资对象决定了教育不可能是完全的事业投资，事业投资的对象主要是针对公共事业，公共事业是针对大众的，基本上所有的民众都可以享受到。而高等教育的对象群体不是单纯地享受公共事业的群体，毕竟当高等教育还没有达到普及化的时候，高等教育就不可能是一种完全的事业行为，虽然高等教育的结果是回报了社会，但是受教育者只是整个社会群体中的一部分。那么，为什么不能普及高等教育？这是由高等教育资源的有限性决定的，这些资源又受到整个社会政治经济发展的制约。所以，一方面，高等教育的投入来自政府、学生家长、学校自身和社会的多方融资构成了投资的特殊性，这就决定了高等教育资源的特殊性。"要改变一般的人的本性，使他获得一定劳动部门的技能和技巧，成为发达的和专门的劳动力，就要有一定的教育或训练，而这就得花费或多或少的商品等价物。"要进行教育活动，先要从社会的总劳动力中抽出一部分劳动力，这就是从事教育的劳动者和进入劳动年龄的受教育者，他们要消耗一定的学习资源、生活资源，还必须有一定的物质技术条件，如校舍、图书、仪器设备等。高等教育财力资源不是自然资源，或者也不是可以通过生产方式就可以生产制造出来的，而是要通过长时间打造和培育出来的，随着社会的发展与需求逐步形成的。另一方面，在满足了人的再生产及所需要的物质再生产以后，社会所能用于教育的资源就很有限了，难以满足社会和个人对教育的需求，这也是教育管理中的一对特殊矛盾。因此，如何去获得更多的教育资源，如何有效地使用稀少的教育资源，就成为社会领域和教育领域共同关心的问题。高等教育资源投资的特殊性构成高等教育管理资源的特殊性就不言而喻了。

从宏观高等教育管理来看，高等教育事业具有很强的战略性、前瞻性。高等教育的管理活动整体的发展规划关乎长远的社会民生问题，需要许多专家系统地来完成，活动的内容涉及民族文化、区域经济、人口发展、科学技术水平、社会环境等。从微观高等教育管理来看，高等教育管理活动的特殊性体现在高等教育组织管理的活动中，最主要的表现特点之一就是要协调学术目标与其他目标之间的矛盾。学术目标是一种高智力投入和高智力劳动的追求，除了个体的高智力劳动外，同时还要强调高智力劳动的结合、高智力劳动者的团结协作。高等教育系统的主导性活动是传授知识、创造知识，高等教育所培养的各类专门人才和高等学校所提供的各种科技成果主要是通过学术水平和应用价值的高低来衡量的，管理活动的学术性十分强，而这种学术性不可以用一般行政性的方法进行管理。因此，学术目标的组织、协调、实现等是高等教育管理活动中的特殊矛盾，这就要求高等教育管理活动一定要重视学术这一特殊目标，使这一特殊的管理目标与学术目标相符合。高等教育组织中的教学活动是教与学的双边关系，高等学校师生是一个特殊的群体，在完成教学目标和管理目标的过程中，师生参与到具体的教学管理活动，达到双边认知认同，教学民主就显得更加重要。大学教职工是高等教育系统中能动的力量，是实现高等教育管理目标的智慧源泉，要发挥他们的智慧和力量，学术自由是高等教育管理必须考虑的问题。高等教育系统中实行学术民主将激发师生员工极大的能动作用，使大家从信任中受到鼓舞，在学术自由这个平台上施展自己的才华，在学校的管理活动中真正成为中坚力量。

# 第二章　高校教育学生管理

## 第一节　大学生行为管理

行为是一个人的思想状态和精神面貌的外在表现。对大学生行为的必要规范和管理有助于良好校风、学风的形成，有利于青年学生优良品德和行为习惯的养成，对社会的安定与和谐、文明风尚的形成也有着重要的影响。

### 一、大学生行为管理概述

#### （一）大学生行为管理的内涵

"行为"一词在《现代汉语词典》中的解释是"受思想支配而表现出来的活动"。广义的行为是指一切可以观察到的、生物的、具有适应环境性的活动。狭义的行为是指人由于环境等外部因素的影响和刺激，内在的心理和生理发生变化所形成的外在表现。人的行为是在先天遗传的基础上，经过后天的学习表现出来的，具有积极适应环境和有创造性改造环境的特点。

对大学生行为的管理与引导一向被看作是学校教育的重要组成部分。其原因主要有三方面：一是学校作为公共教育机构，一个重要的人才培养内容就是促进学生个体社会化。众多学生只有在有秩序的环境中才能正常地学习与生活。每个学生遵守公共秩序本身就是一种社会行为。二是大部分学生的自觉理性尚在形成过程中，还不能绝对理智地支配他们的行为。他们的行为往往受到欲望、情绪的驱使，还可能受到外界的诱惑与利益的驱动，从而发生越轨行为，亟须正确加以教育引导。三是学生的正当行为若不经过反复练习，便不足以促使偶然的行为表现转化为长期的行为习惯，并由此形成稳定的道德品质。

大学生行为管理是探讨和研究大学生行为过程的规律，对大学生行为目的、行为手段和行为结果进行指导、评价、矫正和控制，使之产生正确积极的行为，养成良好的行为习惯和高尚思想品德这一过程的总和。从管理主体上划分，大学生行为管理可分为学校管理和学生自主管理。从管理内容上划分，主要包括各级相关行为管理规范的制定、教育宣传与执行，学生良好行为习惯的引导与养成、学生偏差行为的矫正等方面。从大学生行为表现上划分，主要包括学习行为管理、社会实践行为管理、交往行为管理、消费行为管理、网络行为管理等方面。

### （二）大学生行为管理的意义

对大学生行为的有效管理有利于促进校园、社会良好风气的形成，有利于青年学生优良品德的培养，是高校德育工作的重要内容，直接关系到大学生的全面成长成才与学校乃至整个社会的和谐稳定。

1. 大学生行为管理是新形势下实现学校人才培养目标的重要手段

大学生行为管理作为大学生管理的重要内容，对学生的基本行为具有强有力的约束和指导作用，对实现高校教育管理功能具有不可替代的意义。如果不坚强而温和地抓住管理的缰绳，任何功课的教学都是不可能的。新时期大学生行为的管理与引导，是将管理与教育紧密结合，着眼于整体教育活动的健康有序进行和良好育人氛围的形成。因此加强学生行为管理，形成科学、人本的管理秩序，直接关系到学校教育目标的实现，直接关系到学校人才培养质量，必须将其作为高校整体教育工作中的重要环节，在实际工作中重点加强、扎实推进。

2. 大学生行为管理有利于引导学生树立自觉的理性意识

大学生行为管理有利于引导学生树立自觉的理性意识，是实现学生道德发展的客观需要。大学学习生活阶段是青年学生个体成长的重要阶段，也是青年大学生理性意识逐渐成熟的阶段。青年大学生在此阶段身心发展趋于成熟，但个体道德规范尚未稳固，其行为特征存在一定的盲目性和局限性，行为意识亟待引导规范。具体来说，引导学生逐步实现由"他律"向"自律"转化，需要通过管理、教育等外部规范手段来引导、帮助学生树立正确的行为规范意识。大学生行为管理正是通过不断研究学生行为的新特征、新情况、新问题，有针对性地推动管理体制和管理机制的发展，引导其树立对积极健康行为的正确认知，树立自我管理的理性意识，从而促进其自身的全面发展。

3. 大学生行为管理有利于健康和谐秩序的形成

大学生行为管理有利于健康和谐秩序的形成，是维护高校、社会稳定的重要保障。大学生行为管理的一项重要职责在于规范学生的日常行为，教育引导学生遵守学校纪律，促进健康和谐的校园环境与社会环境的形成。对于高校来说，通过有效的学生行为管理可以进一步促进良好教育秩序的形成，确保学校各项人才培养工作得以顺畅开展。对于社会来说，大学生最终要步入社会，他们的行为意识将会影响其今后的工作甚至整个人生阶段。重视行为管理，强化正确的行为意识，可以使其逐渐树立正确的道德规范，更好地服务社会，发挥大学生社会精英的作用。与此同时，大学生作为特殊的社会群体，其意识、行为受到国家和社会的广泛关注，对整个社会群体的行为意识会有一定的导向作用。因此，加强对大学生行为的管理和引导，对于保障高校乃至社会稳定都具有重要的意义。

## 二、大学生学习行为管理

大学阶段，学习是学生的首要任务，大学生的学习行为直接影响自身的成长与发展。因此，加强大学生学习行为的管理和引导，能够帮助学生培养积极的学习意识、掌握科学的学习方法、养成良好的学习习惯，为未来成长成才奠定良好的知识基础。

### （一）大学生学习行为的类型与特点

《现代汉语词典》对"学习"的定义有两类，一是指从阅读、听讲、研究、实践中获得知识或技能；二是指效法。从学习的概念来看，广义的学习是指人和动物依赖经验来改变自身行为以适应环境的神经活动过程，它包括人的学习和动物的学习。狭义的学习是指人掌握人类社会经验的过程。

大学生学习行为是指大学生所开展的一切和获取知识、技能等目的相关的活动中表现出来的行为。从本质来说，大学生的学习行为是对于社会和自然的一个认识过程，是从无知到有知，从知之不多到知之甚多，从对社会和自然的盲目性认识到自觉性认识的过程。

1. 大学生学习行为的基本类型

（1）按学习方式划分

①教师引导型：大学生在大学阶段的学习行为主要由教师的引导、传授获得。但是与中学课堂上教师的教育方式不同，集中的课堂专业学习已难以满足学生发展的全方位需求，教师除进行直接的知识传授外，更多地扮演指导者和领路人的角色，为学生的学习行为指明方向、提供资源、分享经验、答疑解惑。

②独立研究型：指学生通过利用网络、图书馆等学习资源独立开展学习和研究。

③集体研讨型：指学生可以根据兴趣、爱好、专业的不同组成学习小组，集体进行研讨学习的学习行为类型。"独学而无友，则孤陋而寡闻"，"三人行必有我师"，大学生在学习过程中，除了在教师指导下进行专业学习外，还经常会组建以学习为目标的各种群体，通过朋辈交流开展学习活动。

（2）按学习动机划分

学习动机是推动学生从事学习活动，并朝一个方向前进的内部动力。学习动机和学习行为相互影响，一方面，人的学习需要一定的学习动机来维持。另一方面，学习动机需要通过具体的学习行为来实现。按学习动机可将大学生的学习行为分为以下几种类型。

①自我实现型：指大学生以实现个体的需要、兴趣、理想、信念、人生观等作为主要学习行为动机而开展的学习行为。对学习个体而言，这类学习动机属于内部动机，具有积极性、自觉性和主动性等特征。

②知恩图报型：指学习行为动力主要来源于对父母、师长、社会恩遇的回报。这类学习行为主要以情感为基础，学习动机一般相对稳定。

③谋求职业型：是主要以寻求理想的职业作为学习动力的学习行为。此类学习动机属于外部动机，往往会随着外部条件而不断发展变化。

④应对考试型：是主要以通过考试、取得成绩作为学习动力而激发的学习行为。

（3）按学习结果划分

按学习的结果把学习活动分为五类。大学生的学习行为也可以从这一维度进行划分。

①言语信息的学习：即学生掌握的是以言语信息传递（通过言语交往或印刷物的形式）的内容或者学生的学习结果是以言语信息表达出来的。这一类的学习通常是有组织的，学习者得到的不仅是个别的事实，而且是根据一定的教学目标给予许多有意义的知识。

②智慧技能的学习：这是指学习者将利用符号转化成自身能力的学习，智慧技能并不是单一形式，它有层次性，由简单到复杂，包括四层次：辨别、概念、规则、高级规则。言语信息的学习帮助学生解决"是什么"的问题。而智慧技能的学习要解决"怎么做"的问题，以处理外界的符号和信息，又称过程知识。

③认知策略的学习：认知策略是学习者用以支配他自己的注意、学习、记忆和思维的有内在组织的才能，这种才能使得学习过程的执行控制成为可能。简单地说，认知策略就是学习者用来"管理"他的学习过程的方式。这种使学习者自身能管理自己思维过程的内在的有组织的策略非常重要，是目前教育心理学研究中的热门课题。认知策略的培养也应该成为学校教育的重要任务之一。

④态度的学习：态度是通过学习获得的内部状态，这种状态影响着个人对某种事物、人物以及事件所采取的行动。人的行动是受态度影响的，而且态度还是人的动作的结果，因此学校的教育目标应该包括态度的培养。

⑤运动技能的学习：运动技能又称为动作技能，如体操技能、写字技能、作图技能、操作仪器技能等。

2. 大学生学习行为的特点

与一般的学习行为相比，大学生学习行为具有以下特点。

（1）专业性与广泛性并存。由于大学教育在培养目标、教学内容、课程设置上具有明确的专业划分，大学生的学习活动一般都围绕某一类专门性学科、依据专业的培养目标展开，其学习行为带有鲜明的专业性特征。另外，在大学课程体系中还包含外语、计算机等共同基础知识，伴随大学生学习活动的空间逐渐从课内向课外拓展，从现实向网络拓展，大学生除专业学习，还经常根据自身兴趣爱好广泛涉猎、自主学习各种理论知识和技能。因此又呈现广泛性特征。

（2）自主性与依赖性并存。当前在高等教育学分制和弹性学制的背景下，大学生的学习行为具有鲜明的自主性特征。他们可以在完成规定课程学习的基础上自由选课，有较多的业余时间对学习目标和内容进行规划设计，有目的地开展学习活动。但是，大学生由于受到自身素质、知识结构、学习能力等方面的限制，一定程度上还需要在教师的指导下进行学习活动，其学习行为还存在一定的依赖性。

（3）阶段性与整体性并存。从现实来看，大学生在大学学习的不同阶段，其学习目标和学习重点也往往各不相同。如本科生在大一年级时学习处于过渡期，还处于中学和大学之间的转型阶段，其学习行为多侧重对专业基础知识和公共基础知识的学习。进入大二年级，学生已经开始侧重进行各种专业理论和基本技能学习，这一阶段的学习行为往往呈现出一定的稳定性。到了大三年级，大学生的学习目标日益明晰，学习内容逐渐向纵深发展。围绕各自目标，学生的学习行为差别趋于明显。进入大四年级，学生开始面对择业问题并即将走向社会，学习行为更具有实用化、实践化的倾向，如进行专业实习、毕业设计、参加就业技能培训等。在大学生学习行为呈现阶段性特征的同时，从整体上看，大学生的择业成才的学习目标相对确定、所学专业的学习内容相对稳定，学习行为始终围绕自身的学习目标和学习内容这一核心开展，也呈现出整体性特征。

### （二）大学生学习行为的管理与引导

近年来，随着社会的发展和高等教育改革不断深化，大学生学习行为更趋于自主化、个性化，但也由此引发了一系列新问题。如部分学生仍以及格万岁的应试动机为主导，学习行为缺乏主动性和创造性。为了盲目追求成绩，甚至出现考试作弊、论文剽窃等现象，并对学校和个人造成不良影响。因此，加强对大学生学习行为的管理和引导，帮助学生摆正学习心态，明确学习目标，提升学习与创新能力，已成为当前大学生学习行为管理的当务之急。

1. 明确学习目标，激发学生深层学习动机

学习动机与学习目标是紧密联系的，任何学习动机都是出于学习目标的需要。对于大学生的学习行为管理引导，首要的任务就是帮助学生树立科学的学习目标、强化学习行为的目标意识，进而形成科学的学习动机。具体来说，一是要引导学生充分理解个人需要与社会发展之间的关系。能够将个人需要与社会发展相结合，树立科学的学习成长目标。具体工作中要通过外在正面激励强化、职业发展辅导等方式，帮助学生认识到只有树立起明确的学习目标，才能在大学期间获得充分的发展。二是要充分激发学生的深层次学习动机。在当前大学生就业形势比较严峻的背景下，学生学习动机实用化、功利化是有其合理性的，但是学习行为的过分功利化，会逐渐导致学生失去学习的愿望和兴趣，甚至阻碍学生的发展成才。开展学习行为管理，要从每个学生个体的自身特质和兴趣爱好出发，通过唤醒学生的内在学习兴趣、激发求知欲，引导学生正确认识学业发展、树立积极的学习期望，从而挖掘学生的最大潜力，形成长期的学习动力。

2. 强化自主学习管理模式，提升学生自主学习能力

授人以鱼，莫若授人以渔。大学阶段的学习，传授知识固然重要，但更为关键的是培养学生自主学习的能力，为其未来走上社会、终身学习奠定基础。一方面，要有针对性地客观分析学生内在素质，进而针对学生个性特点和发展需求，制定合理的阶段性学习规划，对学生自主学习进行方法指导，如建立自主学习规范、制定大学四年学习规划、完善自主学习制度等。另一方面，可以

探索自主学习与小组学习相结合的方式，改变学生在学习上习惯一个人单独学习多，而小组合作学习少的状况，组织学生进行合作学习，充分发挥朋辈集体智慧，促进自身学习能力的提升。此外，还要为学生自主学习提供充足的资源和良好的环境，不断丰富完善图书馆、网络教学等公共学习资源，积极为学生创造自主学习实践机会，让学生在实践探索中不断强化自主学习意识、提升自主学习能力。

3. 建立科学长效的学习奖惩机制，营造良好的学习氛围

学习奖惩机制是国家和学校人才培养方向的具体体现，对学生学习行为有着直接的导向作用，是确保学生学习行为健康发展的重要制度保障。一方面，以促进学生全面发展为指向，本着正面激励为主的原则，构建科学长效的学习奖励机制。对综合素质较高、专业学习优异、专长突出的同学给予充分的物质奖励和精神奖励，充分激发学生的内在学习动力和学习的积极主动性，为学生学习行为提供明确的发展导向。另一方面，学校要切实加强高校学生学习行为的纪律规范，保障学校正常的教育教学管理秩序，加强校风学风建设，对于违反学校相关管理规定的学生，要严格公正地纠正其不当的学习行为，要本着教育为本、严格规范的原则进行管理，建立警示、预防、处理等相关机制，严肃校风校纪，为学生提供公平、公正的学习环境，营造诚信、踏实的求学风气。

# 第二节　大学生群体组织管理

大学生群体组织是高校组织中的重要组成部分。对大学生群体组织的管理和规范有利于组织及组织成员特定目标的实现，有利于大学生自身能力素质的提升，对规范校园秩序、促进校园文化建设也有着重要的影响作用。

## 一、大学生群体组织管理概述

大学生组织作为一种学校教育组织，是大学生实现自主发展的主要途径，

同时也是开展大学生思想政治教育的重要载体，研究大学生组织管理的内涵和特点是对其进行科学管理的基础和前提。

（一）大学生群体组织的内涵

《辞海》中，对"组织"的解释是"按照一定的目的、任务和形式加以编制"，也指"编制的集体"，是"组织的形式或组成部分之间的关系"。组织行为学将"组织"定义为"组织是为了达到个体和共同目标而一起工作的人的集合。组织之所以存在，是因为它能够满足人们日常生活和社会活动的种种需要"。管理学认为"就组织特定的内涵而言，组织是按照一定的目的和形式而构建起来的社会集团"。组织"为了满足自身运作的要求，必须要有共同的目标、共同的理想、共同的追求、共同的行为准则以及相适应的机构和制度"。组织为"有意识地加以协调的两个或两个以上的人的活动或力量的协作系统"。归纳起来，可以将大学生群体组织界定为两个或两个以上具有某种相似性特性的大学生为了实现一定的目标，按照某种特定的方式联系在一起开展活动的群体。

大学生群体组织的产生是大学生内在心理需要和教育目标、教育规律相互作用的结果。大学生内在心理需要主要体现在情感交往的需求、获得认同感的需求和实现自我发展的需求三方面。一是情感交往的需求。大学期间学生的交往需求比较迫切，渴望与他人交流，希望得到同龄人的关注以摆脱初入学时的孤独感，希望通过突破原有的个人生活、学习圈子，扩大视野，丰富自己的生活，因此大部分大学生对于参加集体活动非常积极，这也是大学生群体组织形成的一个重要原因。二是获取认同感的需求。大学生希望能在学习、生活和交往等方面显示自己的才能，发挥自己的作用，得到社会和他人的认可。学生组织通过开展各种比赛、表彰活动等，为学生提供认识并实现自身价值的机会，从而满足学生获取认同感的需要。三是学生自我发展的需求。伴随着社会进程的加快，社会竞争越来越激烈，大学生从入学开始就意识到未来考研、就业的压力，这种危机意识使其自我提高的要求增强。学生组织开展各类培训、竞赛的目的都是培养大学生的能力和素质。学生通过参与活动可以锻炼能力、提高素质，实现自我发展。

大学生群体组织有多种分类方式。根据大学生群体组织的组织机构完整性和紧密性，可将大学生群体组织分为正式群体组织和非正式群体组织；根据大学生群体组织存在真实与否，可以把大学生群体组织分为假设群体组织和实际群体组织；根据大学生群体组织的目标和性质，可以把大学生群体组织分为政治型群体组织、学习型群体组织和兴趣爱好型群体组织等。

### （二）大学生群体组织的特点

大学生群体组织是在高校这个特殊的环境背景下形成的青年人组织，和社会其他组织相比，有自己独特的活动目的、活动形式和组织文化。其特点主要体现在以下几方面。

#### 1. 相似性

大学生群体组织一般都是由年龄相仿的学生人群组成，他们在成长环境、思想、心理和目标上都有一定的相似性。首先，大学生群体组织成员接受的教育程度相当，这就决定了他们相同或相似的认知水平和思维方式。其次，大学生群体组织成员处于同一个年龄段，思想、心理特点较为相似，在一些基本问题的认识上存在着相似性。再次，大学生群体组织中的大多数成员有着相近的理想和目标，追求个人专业知识的丰富和综合能力的提高，追求良好的工作和学习、深造机会。最后，大学生群体组织之间虽有不同的组织形式和特定的组织目标，但在最根本的发展方向和成长目标上是相似的。

#### 2. 年轻化

同其他社会组织相比，大学生群体组织的成员大多处于青年期，精力充沛，思维活跃，加上大学生自身逻辑思维、抽象思维能力逐渐提高，个人价值追求和个人能力提升的目的明确，在学习、生活等方面会表现得较为积极和活跃。但与此同时，年轻化也带来了发展过程中的不确定性。大学生正处于世界观、人生观、价值观确立的关键时期，受到社会多元价值观念和社会多种复杂问题的影响，会表现出价值判断和情绪的不稳定性。加上大学生群体组织成员的流动性强，新成员带来新的思想观念和活力，影响和冲击着组织原有的行为体系，因此大学生群体组织又具有不确定性。

3. 互动性

互动是指个人与个人、个人与群体、群体与群体之间通过信息传播而发生的相互依赖的社会交往活动，是指各种因素之间相互影响、相互促进、互为因果的作用和关系。大学生群体组织的一个重要特征就是互动交往。大学生组织成员的互动交往与其他社会组织的互动交往相比，既有相同点，也有不同点。相同点在于如果大学生组织成员之间不发生任何形式的互动，就不能产生关系，也就不可能形成组织。不同点在于大学生群体的交往互动具有全面性、深刻性等特征。大学生处于相对自由的环境中，社会关系比较简洁、清晰，他们在学习、实践的过程中逐渐主动地走到一起，交流、讨论，形成互动。大学生之间的接触和交往程度、交流内容涵盖大学生生活的各方面，比如学习探讨、思想沟通、娱乐休闲、工作交流、生活互助等。与社会其他组织相比，大学生群体组织的互动是更全面的互动。同时，大学生是大学校园活动的主体，是各类学生组织的组织者、管理者和参与者，在参与组织活动和管理团队的过程中，要求大学生彼此信任、详细分工、密切合作，因此交往和互动更为深刻。

4. 文化性

高校的文化建设在社会文化的发展中具有重要的引领作用，在这种背景下形成的大学生组织，其文化特征应是高品位、高知识含量的。大学生组织成员是由高学历成员组成的，他们学习科学知识，掌握科学技术，这从知识层次上体现了大学生组织的高品位文化特征。同时，伴随高校素质教育的推行以及大学生自我价值的实现需求，大学生提高自我素质的自觉性和主动性不断加强，聚合成高素质水平的大学生组织，这也体现了大学生组织的文化特征。

（三）大学生群体组织的管理

大学生群体组织管理是指高等学校的领导及管理人员，为实现高等学校学生群体组织的培养及管理目标，按照国家的教育方针和各项政策法令，科学地、有计划地组织、指挥、协调群体组织内部的各种因素，包括人、物、时间、信息等，并对其进行预测、计划、反馈、监督。

管理行为是任何组织都不能缺少的，只有通过有效的管理才能让一个人及群体的活动得以协调进行，达到预期的目标。大学生群体组织管理工作是大学生管理工作的重要组成部分，是体现学校管理工作水平高低的重要标志。近年来，随着我国高等教育事业的不断进步，对大学生群体组织的管理越来越重视。但是我们还应该清醒地看到，随着大学生群体组织数量和组建形式的增多，在管理工作中会不可避免地存在一些不足。如管理者观念保守，缺乏对群体组织文化的认同；管理方法的改变滞后于信息手段的丰富；管理机构不完善、对群体组织管理目标不明确等。面对这些新形势、新特点，大学生群体组织的管理工作者需要与时俱进，更新管理观念，提升管理技能，努力实现学生群体组织管理工作的系统化、现代化、规范化和科学化，要加强对大学生群体组织的思想政治教育管理，引导大学生群体组织树立正确的价值取向；创新大学生群体组织的行为管理，适应大学生群体组织行为的发展变化趋势；完善对大学生群体组织的制度管理，引导大学生群体组织走向规范化；加强对大学生群体组织管理的研究，探讨如何使大学生群体组织的教育与管理工作更加科学化。

## 二、大学生正式群体管理

以党团组织和班级为基础的正式群体，是大学生融入校园生活的基本载体。要切实加强对党团组织和班级的引导和管理，并以此为基础帮助学生进一步坚定理想信念，形成健康文明的生活方式，提升情趣、增长才干。

### （一）大学生正式群体的内涵及特点

1. 大学生正式群体的内涵

大学生正式群体是大学校园内相对稳定的学生群体组织形式，主要包括学生党组织、学生团组织、班集体、学生会等群体。

学生党组织设立党总支、党支部、党小组等，高校学生党组织是党在高校的基层组织的重要组成部分，是党在高校保持战斗力的重要基础。"要发挥党的政治优势和组织优势，做好大学生思想政治教育工作"，明确指出了党组织在大学生思想政治教育工作中的重要地位和作用。

学生团组织在学校党委领导下开展工作，主要有团委、分团委、团总支、学生团支部等，学生团组织是联系青年学生的重要纽带和桥梁，是党的助手和后备军，是团员青年学生的忠实代表。团组织的性质决定了其在全面推进大学生素质教育、培养合格人才工作中肩负着责无旁贷的历史责任。

班集体作为学校教育教学的基本单位，是学生共同成长的重要组织，它以健全的组织形式对成员发挥着管理功能。班集体有明确的规章制度、健全的管理机构，学生在现实生活中的许多问题都是通过班级来解决。班集体作为高校在校学生的基本组成形式，还发挥着教育功能，其凝聚力是一股无形的、强大的力量，对班集体成员起着激励和约束的教育作用。良好的班风对每一位学生的价值观念、行为规范、学习风气等方面都有着潜移默化的引导作用。

高校的学生会组织是在学校党委的领导和学校团委指导下的学生群众性组织，是全校学生利益的代表。学生会是联系和沟通学生与学校党政部门的重要桥梁和纽带，以营造良好的学术氛围、增强校园文化底蕴为工作重点，进行自我教育、自我管理和自我服务。同时，学生会还是学校有效开展校务管理，实现学校育人目标的重要依靠力量。高校学生会要"遵循和贯彻党的教育方针，组织同学开展学习、科技、文体、社会实践、志愿服务等多种活动，促进同学全面发展；维护校规校纪，倡导良好的校风、学风，促进同学之间、同学与教职员工之间的团结，协助学校建设良好的教学秩序和学习、生活环境；组织同学开展勤工助学、校园公益劳动等自我服务活动，协助学校解决同学在学习和生活中遇到的实际问题；沟通学校党政与广大同学的联系，通过学校各种正常渠道，反映同学的建议、意见和要求，参与涉及学生的学校事务的民主管理，维护同学的正当权益。"学生会是大学生正式群体的重要组成部分。

2. 大学生正式群体的特点

大学生正式群体具有健全的组织机构，完备的组织制度，具有很强的凝聚力。正式群体是思想政治教育的重要载体和依靠力量，是沟通学校和学生的桥梁和纽带。大学生正式群体表现为以下几方面的特点。

（1）具有较强的方向性。大学生正式群体是为了完成某一特定功能而建立起来，具有较强的方向性和目标性。例如，学生党团组织是上级党团组织为了实现对于基层党员、团员进行有效管理而建立的组织，它具有很强的政治色彩，承担了传播主流价值观以及党的路线、方针、政策，有效贯彻党的政治主张、基本路线和基本纲领等政治任务。班级是为了完成大学学习功能而形成的群体，其基本功能是接受教育或学习。学生会是为了促进学生自我教育、自我管理、自我服务而统一建立的自治组织。因此，相对于其他群体来讲，正式群体的目标更加明确，方向性更强。

（2）具有较强的规范性。大学生正式群体基本属于"科层制"管理模式，即组织有极其严格的规章制度和等级制度，下级服从上级是基本的组织纪律，具有较强的规范性。学生党团组织要遵循党章团章以及学校基层党组织的相关规定和要求，在学校党委及其职能部门、校团委和院系党团组织的领导和指导下开展工作。班集体作为高校管理的基本单位，有健全的管理制度，规范着班级管理的各个基本环节和学生的基本行为规范。学生会虽具有一定的自治性，但直接接受党团组织的指导，具有严格的章程、科学的机构设置、明确的工作要求和严格的考核制度。较强的规范性确保了正式群体及时、有效地贯彻落实党的方针政策和学校的制度规范、发展要求。

（3）具有较强的凝聚力。从行为科学角度看，凝聚力是指群体对成员的吸引力和成员之间的相互吸引力，既包括群体对其成员的吸引力，又包括成员对群体的向心力。大学生正式群体和群体成员之间也有着很深的感情和很强的凝聚力。它的凝聚力体现在党员、团员和普通学生对党团组织的忠诚和拥护。班集体主要通过良好的班风和班级文化来凝聚人，其凝聚力体现在学生能够形成很强的集体主义观念。学生会主要通过和谐健康、积极向上的文化氛围和学生自我管理的有效实现凝聚人，其凝聚力体现在学生对学生会组织活动的认可与参与。

（4）具有较强的先进性。与其他组织不同，正式群体在选拔、考核、晋升学生干部时都把学习成绩、工作能力，以及生活、学习作风作为一个必要条件，学生干部的选拔、培养是一种先进模式。这使得正式群体成为优秀学生汇聚的组织团体。

### （二）大学生正式群体的管理与引导

大学生正式群体是学校教育管理的基本单位，是学生思想政治教育的主要载体，对于正式群体的管理和引导要符合其自身特点，突出其思想政治教育功能，创新其教育管理手段。

1. 以思想建设为核心，加强正式群体的先进性建设

加强正式群体的思想建设，主要是在正式群体中普及以社会主义核心价值体系为主要内容的理论思想，加强正式群体对重要时政内容的深入了解，加深对世界局势和国情社情的认识，提升成员的政治理论素养。加强正式群体思想建设的具体实施方法可以包括以下几点：一是通过理论学习增强正式群体的先进性。党团组织要定期开展政治理论学习，班级要通过班会等形式定期宣传党和国家的重大时事和政策，学生会组织要通过定期组织讲座、培训增强学生会干部的政治敏感度和政治鉴别力。二是通过制度建设保障正式群体的先进性。在加强正式群体思想建设的过程中，高校的教育管理工作者要强化全程监督和效果反馈，以保证思想建设目标的实现。要建立健全管理制度，如班级管理制度、学生会管理制度，财务管理制度、物品管理制度等，规范正式群体学生的基本行为规范和管理的各个基本环节。要建立健全制度运行机制，将正式群体的发展纳入学校教育管理的环节之中，建立健全正式群体的竞争和激励机制，如优秀学生干部评比、优秀党员、团员评比等。建立健全群体的考核和评价机制，如学生干部量化考核机制、学生干部职务晋升机制等。通过积极推进正式群体的制度建设，提升管理效率，促进正式群体的健康发展。

2. 以学生自我教育为重点，充分发挥正式群体的朋辈效应

"朋辈效应"是指具有相同背景，或是由于某种原因具有共同语言的人在一起分享信息、观念或行为技能，以实现教育目标的教育方法。朋辈之间鸿沟小，防御性低，共通性大，互助性强，具有先天的优势。由于正式群体中的核心成员大都是学生中的优秀分子，这为朋辈教育活动的开展奠定了坚实的基

础。一是重视正式群体中学生骨干人才的培养，强化典型示范作用。学生骨干在正式群体的管理中扮演着重要角色。他们处于大学生管理教育的第一线，是开展各种学生活动的策划者、组织者、实施者和参与者。学生骨干一般具有良好的群众基础，发挥着先锋模范作用，能够通过自身感染同学。高校教育管理工作者要善于发挥骨干群体的示范作用，积极创造普通同学与他们交流的机会。如组织先进事迹报告会、学习经验交流会、表彰大会等活动。以骨干学生的先进思想和典型事迹引导学生反思，把社会对人才的要求转化为受教育者的自我要求，从而实现学生的自我教育。二是依托互助小组等组织形式，搭建朋辈间交流互助平台。大学生处于同一个年龄段，彼此之间有更多共同语言，容易实现良好的沟通和互动。通过在班集体中设立学生心灵使者、贷款联络员等形式，搭建朋辈间相互影响、彼此帮扶的桥梁，并以此为依托提升群体成员自我认识、自我监督和自我评价的能力。

3. 以活动创新为导向，增强正式群体的生机活力

保持大学生正式群体的生机与活力是其持续发展的前提。开展形式多样、内容丰富的创新性活动能够在激发学生学习和生活热情的同时，增强正式群体的生机与活力。一是创新组织管理模式。注重激发学生的主体意识，培养学生的综合素质能力，引导学生改变以往依赖指导教师组织开展活动的方式，鼓励学生根据专业特征和兴趣，自主选择、创新活动内容和活动形式。将传统"自上而下"的强行推进，变为"自下而上"共同推进，充分发挥学生的积极性和创造力。二是创新活动内容。开展活动是正式群体的主要行为方式之一，活动内容的创新，有助于改善活动质量，实现活动目标。在开展活动的过程中，既传承经典又紧扣时代主题，选择新形势下的新内容是活动内容创新的重要方向。三是创新活动形式。高校教育管理者要始终坚持理论联系实际的原则，有意识地引导学生改变以往较为枯燥的带有强制性、约束性等特征的活动形式。通过加强学习、广泛调研等方式积极探索、借鉴新型的活动组织形式，增强活动的新颖性，增加对学生的吸引力和感染力。例如，开展学生党支部知识竞赛等。也要善于组织实践活动，引导学生在实践中长才干，进而带动正式群体的

不断成熟和发展。

# 第三节　大学生安全和资助管理

## 一、大学生安全管理

安全管理是学校日常工作的基本组成内容，是做好教学科研工作、提高教育质量和维护教学秩序的基本前提和重要保障，是学校的基本责任。

### （一）大学生安全管理概述

做好大学生安全管理工作，首先要求我们对大学生安全管理有一个清晰的认识。与其他安全管理相比，大学生安全管理有其特定的内涵和意义。

1. 大学生安全管理的内涵

（1）大学生安全管理的含义

"安全"一词在《现代汉语词典》里有三层含义：第一，没有危险；第二，不受威胁；第三，不出事故。"无危则安，无缺则全"体现着人们在安全理解上的传统观念。安全是一个历史的范畴，具有时代的特性，在不同时期和历史条件下，人们对安全有着不同的理解和要求。

大学生安全管理是指管理者根据社会的要求，针对大学生群体特点，有计划、有组织、有目的地对大学生实施安全教育及管理，妥善处理各类安全事故，以保障高校稳定和大学生安全，最终达到引导大学生全面健康成长的目的。大学生安全管理已由以往单纯地强调校园安全管理向以建立教育、管理和事故处理一体化的服务体系转变，逐步成为以培育安全理念，提高安全素养，增强安全技能，促进大学生的全面健康发展为目的的安全管理活动。

（2）大学生安全管理的特点

与其他安全管理相比，大学生安全管理有以下三方面的特点。

①青年性。大学生安全管理的对象是青年大学生。因此，大学生安全管理是针对青年大学生特点的安全管理。当代大学生思想活跃，独立性强，有创新

精神，对周围的事物，特别是新鲜的事物和知识反应迅速的同时，也应看到，大学生普遍存在着安全意识淡薄、社会经验不足、防范能力较差等特点。大学生安全管理更加注重通过对青年大学生在校期间的日常学习、工作和生活的教育及管理，培养大学生正确的安全意识和良好的安全行为，在发挥青年大学生自身优点和长处的同时，帮助和引导大学生养成良好的安全行为习惯。大学生安全管理的青年性特征也体现在大学生安全管理的内容、形式、方法和途径随着青年大学生在不同时代、时期的特点而不断地创新和发展。

②群体性。大学生安全管理是对大学生学校生活这个特殊的群体性生活环境的管理，是对青年大学生这一同质性群体的管理，具有明显的群体性特征。通过加强对寝室、教室、实验室、图书馆等涉及学生学校生活各方面的常规安全管理，保障大学生在校期间的人身财产安全，维护学校正常的教学和生活秩序，有效地排除其他社会生活环境中的不良因素对大学生学校生活的干扰，为大学生创造一个良好的学校生活环境。

③教育性。大学生安全管理在对大学生学校生活进行常规安全管理的同时，也在对大学生进行着安全方面的常能训练。少数大学生疏于日常生活安全，缺乏基本的安全常识和技能，这给大学生学校生活以及其他社会生活带来很多的隐患，不利于大学生健康成长。管理本身也是一种教育，大学生安全管理是大学生积累日常生活经验的重要途径，是对大学生进行常能训练的重要内容。大学生安全管理要充分发挥其育人功能，以促进大学生全面健康成长。

大学生安全管理有以下四方面的任务：一是宣传、贯彻国家安全管理工作的有关方针、政策、法律和法规。大力开展宣传教育活动，以校内外活动为有效载体，对大学生开展形式多样的安全政策和法律法规的教育，贯彻和落实国家安全工作精神，使大学生树立起安全意识。二是开展安全教育。利用各种渠道对大学生开展安全常识教育和安全技能培训，使大学生了解日常安全防护知识，具备日常安全防范技能。同时，注重对大学生开展早期的职业安全教育，结合专业特点，对大学生开展有针对性的职业安全教育和培训。三是进行日常安全管理。做好大学生日常安全管理工作，加强安全防范，维护正常的教学和生活秩序，保障大学生人身和财产的安全，维护校园安全稳定。四是安全事故的处理。建立健全规章制度，严格管理，明确责任，对出现的大学生安全事故进行及时、有效的调查和处理，做好应急预案，提高应急反应能力，控制事态发展，减轻伤害和损失。

2. 大学生安全管理的意义

大学生安全管理对大学生、高校和社会都有十分重要的意义。做好大学生安全管理工作，关系到大学生自身的发展，关系到新时期高校的改革和发展，关系到社会的安定与和谐。

（1）大学生安全管理有利于大学生自身安全素质的提高。安全素质是人们完成某种任务所必需的基本条件和能力。良好的安全素质既包括掌握基本的安全知识和安全技能，又包括在安全知识和安全技能基础上建立起来的安全意识和安全观念。大学生安全管理是提高大学生自身安全素质的有效途径。大学生安全管理是对大学生在校生活的管理，与大学生学习、生活紧密相连。通过各种管理活动，对大学生开展安全教育和管理，有意识地培养良好的安全行为规范，能够使大学生在参与活动中掌握相应的安全知识和技能，进而内化为自身的安全意识和观念，指导行为实践。

（2）大学生安全管理有利于新时期高校改革和发展。近年来，随着高校办学规模的不断扩大，招生人数的不断增多，多校区办学模式的形成，高校安全管理工作面临着很多的挑战。相对开放式的校区如何有效地管理，学生住宿相对分散如何及时排查安全隐患，学生交通安全如何保障等安全问题需要大学生安全管理工作积极主动地做出反应。因此，作为高校安全工作的一项重要内容，大学生安全管理是随着高校改革和发展而不断发展的，已成为新时期高校改革和发展的重要内容之一。因此，只有正确地对待和处理好大学生安全管理问题，才能保障高校改革和发展的顺利进行，才能及时解决高校改革和发展中出现的大学生安全管理方面的新情况和新问题，才能形成合力，不断提高服务学生的能力和水平，促进大学生健康成长。总之，大学生安全管理是新时期高校改革和发展的必然要求，有着重要的理论和现实意义。

（3）大学生安全管理有利于社会的安定与和谐。学校的健康发展和稳定对经济社会的稳定和发展有重要的影响。大学生安全管理作为高校安全工作的重要组成部分，承载着管理和育人的功能。加强大学生学校生活的管理，为大学生在校学习和生活提供一个良好的生活环境，有利于维护学校正常的教学生活秩序。对大学生安全事故的处理，特别是对涉及大学生的突发公共事件，如突发公共卫生事件、突发自然灾害、突发恐怖袭击等事件的应急管理和处理，有利于充分保障大学生人身财产安全，有利于高校稳定与发展，有利于社会的安定与和谐。

## 二、大学生安全管理的内容

大学生安全管理作为一项有计划、有组织、有目的的安全管理活动，包括日常的安全教育、安全管理以及安全事故的处理等基本内容。与此同时，大学生安全管理应以防范涉及教育系统突发公共事件的发生为重点工作，高度重视对校园突发公共事件的预防与控制。

大学生安全管理的基本内容主要包括：大学生安全教育、大学生日常安全管理和大学生安全事故处理三方面。

### （一）大学生安全教育

安全教育作为安全管理的基本内容之一，是事故预防与控制的重要手段。安全教育是通过各种形式的教育和培训，努力提高人们的安全意识和安全技能，使人们学会从安全的视角观察问题和审视问题，用所学到的安全技能去处理问题的教育活动。安全教育的内容非常广泛，一般而言，大学生安全教育包括安全知识教育和安全技能培训两个部分。安全知识教育包括法律法规的教育、安全常识教育、早期职业安全教育，以及心理健康教育。安全技能培训包括日常安全防范技能培训和早期职业安全技能培训两个部分。与系统的安全理论知识教育相比，安全技能培训针对性较强，注重实践教学环节，着眼于培养大学生的实际动手能力，它的主要目的是使大学生具备在某种特定的环境或条件下安全顺利地完成任务的能力。

（1）大学生法律法规教育，包括以下几方面：基本的法律法规教育。国家有关安全管理工作方面的方针、政策、法律、法规的教育。校规校纪的教育，特别是涉及大学生日常行为规范的教育，诸如校园治安秩序管理规定、公寓管理规定、教室学生行为管理规范、宿舍防火制度、学生违纪处分条例有关规定、文明离校有关规定、社团管理条例等。对大学生开展法律法规的教育，能够帮助大学生树立法律观念，形成良好的法律意识，使大学生对学校安全工作有一个总体性的了解，对自身所处的学习、生活环境有充分的认识，对自己在校园安全方面所承担的权利和义务有正确的态度，对自身在事故处理中所承担的责任有清醒的判断。

（2）大学生安全常识教育，主要包括防火、防盗、防抢、防骗、防滋扰、防食物中毒和防止网络犯罪等与大学生学习和生活联系紧密的安全知识教育，目的在于使大学生掌握安全防范知识，树立安全防范意识。对突发公共事件的安全知识的教育和普及，是对大学生进行安全常识教育的重点内容。通过对大学生开展突发公共事件的安全教育，使大学生对突发公共事件有全面的认识，掌握在自然灾害、事故灾难、社会安全事故、一公共卫生事件等突发公共事件发生时所能用到的预防、避险、自救、互救、减灾等公共安全知识和技能。对大学生开展全面、系统的安全常识教育，能够帮助大学生建立起科学的、实用性强的安全知识体系，有效地保护自身安全和公共安全。

（3）大学生早期职业安全教育也是大学生安全教育重要内容之一。早期职业安全教育主要是开展与大学生所学专业相关的安全教育，教育内容是在大学生实验室安全教育和实习实践安全教育的基础上，更加注重于对大学生走出校园、步入社会后，从事所学相关专业工作时，针对职业领域安全特点而进行的安全知识教育。早期职业安全教育体现着以人为本、终身教育的理念，更加关注大学生的未来安全。早期职业安全教育是提高大学生安全意识和安全素质的重要途径和手段。

（4）大学生心理健康教育是大学生安全教育的重要组成部分。大学生心理健康问题受多方面因素的影响。学校是大学生学习生活的主要场所，也是大学生产生心理问题的主要影响因素之一。从大学生的角度来看，学习压力的增大、生活环境的改变、就业和考研竞争的激烈等都会导致大学生出现心理安全问题。从学校的角度来说，因教学方法不当、管理不严格、奖评不公等情况的发生也都会给大学生心理带来不良的影响，使学生思想、行为异常，缺乏安全感。因此，在对大学生进行安全教育时，对大学生开展全面的、适时的心理健康教育显得尤为重要。心理健康教育主要包括应对挫折的心理教育、恋爱与性心理教育、人际交往的心理教育、正视学习的心理教育和如何应对环境和角色改变的心理健康教育以及遭遇突发事件时的心理健康教育。心理健康教育能够帮助大学生了解自身的心理健康状况，掌握调节心理状态的科学方法，指导自身行为实践，保护自身安全和合法权益。

（5）大学生安全防范技能培训，是在安全理论知识教育的基础上，着重培养和锻炼大学生处理实际安全问题的能力。安全防范技能培训主要是通过课堂安全技能的演示、课外实习实践、有组织的应急演练等活动，训练大学生防盗、防抢、防火、防人身伤害以及应对公共突发事件等日常安全防范技能，提高自身防卫能力。早期职业安全技能培训主要针对学生专业领域的安全特点，通过实习实践和专门训练等方式和途径，对大学生开展知识性和预防性的职业安全技能教育和培训，增强大学生职业安全素养和专业知识水平，促进大学生日常安全防范技能水平的提升。

## （二）大学生日常安全管理

大学生日常安全管理是指对大学生在校期间的学习和生活过程中所涉及的安全问题进行的管理，主要包括人身安全管理、财产安全管理、消防安全管理、交通安全管理、社交安全管理、网络安全管理和卫生安全管理等。

（1）人身安全是大学生日常安全管理工作中最重要的安全问题。大学生在校期间，威胁大学生人身安全，容易对大学生构成人身伤害的因素主要来自三方面：一是人为因素造成的不法侵害，如打架斗殴、寻衅滋事、聚众闹事等；二是因不可抗力造成的人身伤害，主要指自然灾害，如地震、雷击、山体滑坡、泥石流等；三是因意外事故造成的伤害，如摔伤、溺水、撞伤等。在大学生日常安全管理工作中，主要从以上三方面着手开展大学生安全管理工作，规范大学生日常行为，防止诸如滋扰事件、伤害事件、人身侵害事件的发生，做好安全事故的预防工作。同时，在大学生受到人身安全威胁时，做到及时对大学生进行帮助和处理，并如实向主管部门和领导汇报，以有效保护大学生人身安全。

（2）财产安全是大学生日常安全管理的一项基本工作。财产保护一般分为自力的保护和他力的保护。自力的保护是指通过自己的力量，依靠所具备的安全防范知识和技能，对自己所拥有的合法财产采取措施进行保护。他力的保护是指根据国家法律的规定，依靠国家执法机关实现对个人财产的保护。随着科技的普及，信息时代的到来，大学生中拥有手机、笔记本电脑的人数不断增多，在带来更好的交互性和可移动性的同时，校园手机、电脑丢失，特别是手提电脑被盗的现象明显增加。近年来，随着高校实行的校园一卡通制度，集图书卡、饭卡、超市购物卡功能于一体的校园卡的使用，以及高校为大学生统一办理的银行信用透支卡业务的普及，在给大学生带来便利的同时，因大学生自身保管不慎而丢失、被盗的现象也相应增多，往往给大学生带来不小的财产损失。因此，在财产安全管理过程中，应充分利用安全管理活动，开展宣传和教育活动，引导和培养大学生增强自身财产安全保护的意识和能力。同时，着力从加强校园治安秩序、宿舍安全、公共场所安全等方面防止诸如抢劫、盗窃、诈骗等危害大学生财产安全的事件发生，加大打击力度，保障学生财产安全。

（3）消防安全是高校安全工作的重中之重，任何部门和个人都有预防火灾，维护消防安全的义务。校园是大学生活动的主要场所，保护大学生的人身和财产安全，在大学生安全管理工作中，必须做好校园安全防火工作。公共场所，诸如图书馆、教学楼、体育馆、食堂、实验室等的防火安全管理是大学生安全管理的重要场所。对这些校园公共场所的管理主要包括建立健全规章制度和硬件配套措施，实行定期检查、报告和评估制度，重点检查消防设施、指示标志、应急照明、安全出口、疏散通道是否符合国家有关标准，做到严防火灾的发生。在防火工作中，对大学生集中住宿的公寓、宿舍楼进行安全排查和管理是大学生安全管理的重中之重。在管理中，必须坚决制止违章用电、用火等行为，在教育的基础上，对违反消防安全规定的行为进行严肃处理。

### （三）大学生安全事故处理

化解矛盾冲突，参与处理有关突发事件，维护好校园安全和稳定，是辅导员的主要工作职责之一。大学生安全事故处理主要是针对在学校实施的教育教学活动或者学校组织的校内外实习实践活动中，以及在学校负有管理责任的校舍、场地，以及其他教育教学设施和生活设施内发生的，造成在校学生人身伤害、财产损害等后果的安全事故的处理。安全事故发生后，保护学生和学校的合法权益是大学生安全事故处理的主要目的和原则。大学生安全事故处理主要包括事故的调查取证、事故责任的认定、事故损害的赔偿和对事故责任者的处理四方面的工作。

（1）事故的调查取证工作是事故处理中十分重要的一个环节，它是弄清事故发生的经过、查找事故原因、有效控制事故的重要步骤，学生人身和财产发生一般伤害、损失后，通过及时调查处理，开展相应的调查取证工作，以获取事故发生的一手资料，找出事故发生的根本原因。在校园内，发生诸如学生重伤或被窃、失火等突发公共事件造成人身和财产重大损失时，辅导员应保持沉着冷静，迅速采取措施进行抢救和保护现场，并及时通知学生家长。同时，加强思想政治教育工作，稳定学生情绪，恢复正常的教学和生活秩序，协同有关部门妥善处理。在调查取证的基础上，形成调查报告及时向学院、学校，以及相关主管部门汇报。

（2）安全事故责任的认定是在事故调查取证后，对各种证据资料汇总和分析的基础上，进行相应事故责任的判定。在安全事故责任认定的过程中，主要依据相关法律法规及有关规定，对学校、学生或其他相关当事人进行责任认定工作。安全事故责任的认定，主要是根据事故相关当事人的行为与损害后果之间的因果关系依法确定。由于学校、学生或者其他相关当事人的过错所造成的安全事故，依据相关当事人在事故中行为过错程度及其与事故损害后果之间的因果关系认定其承担相应的责任。当事人的行为是事故损害后果发生的主要原因，应当认定其承担主要责任。当事人的行为是事故损害后果发生的非主要原因，应当根据实际情况认定其承担相应的责任。

（3）事故损害的赔偿，对于受害者或其家庭，需要进行损害赔偿。这包括赔偿受害者的医疗费用、财产损失、精神损害等各种损失。赔偿的金额和方式需要根据责任认定和法律规定来确定。

（4）对事故责任者的处理，对于造成事故的责任者，需要依法采取相应的处理措施。这可能包括纪律处分、法律追责、教育和培训等。处理责任者的目的是为了防止类似事故再次发生，维护校园安全。

总之，大学生安全事故处理需要综合考虑调查取证、责任认定、损害赔偿和责任者处理等多个方面的工作，以确保安全事故得到妥善处理，同时也要借此机会加强校园安全管理，预防类似事故的发生。

## 三、大学生资助管理

随着高等教育的改革与发展，大学生资助管理成为高校管理工作的重要组成部分，如何帮助家庭经济困难学生顺利完成学业，实现资助与育人相结合，如何促进大学生全面成长成才，成为高校管理和教育面临的问题。

### （一）大学生资助管理概述

大学生资助工作是一项政策性强、涉及面广的重要工作。目前，我国已初步形成"多元混合"式的高校家庭经济困难学生资助体系，涵盖奖学金、国家助学贷款、勤工助学、困难补助、学费减免和绿色通道等基本内容。多层次、多项目的资助体系基本解决了学生的实际问题，有效促进了教育公平，但在实际运行中，大学生资助工作的制度设计、政策运行、队伍建设和育人实效等还有待进一步加强。

### （二）大学生资助管理的内容

大学生资助管理的主要任务是帮助家庭经济困难学生解决经济困难，同时加强学生综合素质培养，实现资助育人的目标。大学生资助管理的内容，主要包括资助资源的筹集及管理、家庭经济困难学生评定、资助项目的设计与实施、资助工作信息化建设和教育培养等五方面内容。

### （三）大学生资助管理的原则

大学生资助管理的核心理念是"以人为本"，在操作层面可以具体化为确保公平、注重效率、崇尚尊重、资助育人。公平是大学生资助管理的根本要求。效率是评价资助管理的重要指标。尊重是对资助工作管理者与学生间关系的基本定位。

# 第三章　高校教育教学与行政管理

## 第一节　高校教育教学管理

### 一、高校教育考试管理理念与方法

#### （一）高校教育考试管理的理念

**1. 管理理念统一**

即整分合一体化原则，是高校教育考试管理各要素间本质联系的反映：其基本依据是现代高校教育考试管理的系统原理，故这一原则的主旨在于：整体把握，科学分解，综合组织，即首先构思并形成高校教育考试管理的整体计划，再将整体计划科学分解，进行具体明确的管理分工，建立切实可行的责任目标制度，然后根据计划目标采取措施，以实现综合组织。

**2. 管理队伍职责权一致**

职责权相一致原则依据现代高校教育考试管理的组织原理提出，是现代高校教育考试管理体制及组织机构运行机制的反映。其基本要求在于各级各类高校教育考试管理工作者的管理责任和管理权限，必须与其所任的管理职务相称。既不能有责无权或有权无责，也不能有责有权而无职，或有职而无责无权，理应做到职责权三者一致。

**3. 管理制度互补**

控制与协调是高校教育考试管理活动的主要职能。高校教育考试管理是根据一定的管理目标，选取适合实现管理目的需求的方法与手段，对管理对象实施控制和协调，使考试活动规范运行的一个过程。因此，一切高校教育考试管理活动的有效开展，都必须将控制和协调原则贯穿始终。同时，由于高校教育考试管理过程又是一个动态的量变过程，要真正做到控而不死、调而不乱，还必须科学地运用弹性原则，实现控、调、弹三者的互补。

4. 管理手段开闭反相结合

高校教育考试管理过程的各种手段，应能构成相对独立的、相辅相成的封闭回路。在高校教育考试管理这一系统中，各管理子系统间有既输入又输出的信息转换机制。这种彼此交互活动的协调运行，是高校教育考试管理运行过程封闭性、关联性及信息转换机制的反映，现代高校教育考试管理系统原理、信息原理和过程原理是其基本依据。而实践这一理念的关键，又在于把住相对封闭、必要开放、及时反馈三关。

## （二）高校教育考试管理的方法

### 1. 营造高校课程考试管理的和谐环境

和谐是事物和现象各方面的完美配合，是多元化的协调与统一，它能使人获得一种愉快和满足，并由此唤起人们对社会、对世界的热爱与向往。中国作为文明古国，历来追求和谐。高素质人才的培养离不开和谐的校园环境，和谐的校园环境有赖于良好学风和考风等的建设。高校课程考试管理采用合作管理模式，树立"尊重人、关心人、培养人、激励人"的人本观念，科学规划，协调管理，突出个性，发挥不同人群的优势，在教师与学生之间、教师与学校管理者之间以及管理者与学生之间构建和谐，是建设和谐校园的必由之路。

### 2. 完善高校课程考试违规处理的法律程序

"依法治考"是对高校行政主体依法行政的回应，其核心问题是必须在程序上平等对待考试管理各方当事人，排除各种可能导致不平等或不公平的因素，做到行政程序正当。正当程序是法治理念中的重要内容，管理过程中正当程序是相对人的权利保障的基本要求。在学生管理活动中，做出影响学生权益的处理或处分决定时，应当事先告知当事学生，向当事学生说明理由和依据，听取当事学生的陈述、申辩，或举行听证会，让当事学生参与到处理程序当中来，通过充分的、平等的发言机会，疏导过程中要善加引导，而不是一味地严加处理。

3. 建立考试违纪处理申诉制度

建设和谐校园离不开学校秩序的制度化和规范化，建立申诉制度，给学生以申诉权是学校制度化的体现。申诉权是指当违规学生在学校做出处分决定后，对学校所给予的处分认为不适当或不公平时，不服其决定向学校或上级教育行政部门申诉理由，请求重新审查处理的权利。申诉权是国家宪法赋予公民的一个基本权利，不服学校给予的处分进行申诉也是《教育法》规定学生享有的基本权利之一。

## 二、高校创业教学管理理念与方法

### （一）高校创业教学管理的理念

高校创业教学管理的目的，是使高校成功搭建适合时代发展的创业人才教育教学体系，协助政府落实相应的扶持政策，提高校内课程管理质量，最终实现对学生的管理。

当前高校创业教育管理的具体内容包括：①教学方面，主要培养学生创业思维，训练创办企业技能等；②服务指导方面，提供创业项目中各项流程及涉及相关法律知识支持；③项目实践运营方面，在创业项目运营过程中，提供相应的帮扶管理工作。因高校创业教育是一个"多维度＋全过程"的过程，故而高校创业教育管理也不能局限于某种单一方法实现改进。根据创业生态系统概念中对于创业教育主体的分类，创业教育管理也需要充分考虑到核心主体、支持群体和环境要素这三大主体的管理。

作为高校创业教育管理的主要部门，就创业教育相关的环境要素，高校创业教育管理部门应当及时干预，加强控制，做好指挥协调统筹工作；就高校创业教育核心主体要素，创业教育管理部门负责创业活动的具体组织、计划、协调、开展等工作。通过利用高校"理论＋实践"创业课程教育，实现具备创业能力或者实现创业的高素质人才，充分发挥创业主体的主观能动性和创造性。

1. 注重认识人力资本

在知识型经济的时代背景下，教育是一种资本。而接受过高等教育的大学生们，必然会成为社会发展的优质人力资本。通过对高校创业教育管理中学生管理的研究，了解到创业教育对当代大学生成长产生的影响，并对目前高校创业教育管理中涉及的问题，给予一些化解策略。

2. 注重践行学生发展理论

创业教育开展得好坏，绝非单一以学生课堂成果评价、教学巡查组评价等形式评判，而是以大学生整体综合素质提升视为最终教育成功的标准。创业教育管理以形成人的健全个性为根本管理目标，是充分尊重大学生发展规律的情况下，以学生个体作为基础单位，发挥每一个学生的性格特点，主体性和主观能动性，激发学生的智慧潜能。

3. 注重丰富和发展高校创业教育管理相关理论

以往，高校创业教育管理主体都是校内因素，如教学单位、教师、学生等，而忽视了校外因素的影响。高校创业教育管理必须密切关注高校—政府—企业在其中的联动作用。唯有如此，才能更加全面、客观地为高校创业教育管理提出要求，弥补以往创业教育管理相关理论校外因素影响的问题，进而丰富和完善高校创业教育管理相关理论。

4. 注重完善高校人才培养体系建设

对于国内大多数应用型高校而言，实践性课程一直属于薄弱环节，这与现代社会人才的需求期望产生较大矛盾，其中矛盾正是要研究的。高校创业教育只有在充分尊重市场发展的背景下，锻炼大学生实践能力，培养大学生团队意识，提升大学生抗挫折水平。通过查阅国内外文献及走访国内各高校，将全国乃至世界创业教育管理的共性问题客观把握，从而理性提出关于规范当前高校创业教育的管理方式与方法，弥补高校在学生培养体系建设中缺乏实践能力培养的缺点，提升大学生综合素质水平，缓解社会人才缺口问题。

5. 注重培养高校师生创业思维

当前是一个人力资本缺乏的时代，仅掌握理论知识的工作者已经远不能满足社会发展需求，只有在不缺乏理论内涵的基础上，拥有实操能力、明确的自我认知以及一定管理能力的复合型就业者，才是社会、企业争夺的稀有资源。

高校创业教育旨在让大学生在原有课程的学习基础上，培养大学生开拓创新精神和强烈的创业意识，达到转变传统的思维方式的目的。

6. 注重高校教育质量

大学作为就业人员重要输出渠道，其教学质量必须提升，教育体系机制构建更为合理科学，才能满足社会发展的要求。

### （二）创业教育课程管理方法

1. 统一创业相关必修课程教学大纲、授课形式等

（1）统一创业教育必修课程教材

教材可选以培养大学生的企业家精神为目的，围绕创业的三大核心要素——机会、资源和团队，以创业过程为主线，将创业要素和创业过程有机结合起来，从创业行为的视角揭示创业活动的发展过程以及关键要素的作用。

（2）学院增设教学茶话会活动

每月选定一个半天，进行高校创业话题讨论。茶话会由企业家、创业培训指导师或本校创业教师担任主讲人，就高校创业教育某一话题展开讨论，其中不乏学生和教师的对于当前创业教育的看法与建议，学生可以通过茶话会提早了解创业教育的相关内容，教师也可以通过每月举行的活动反馈来调整自己的上课形式。

（3）夯实创业必修课程的实践模块

当前，创业实践主要包括市场调研、企业挂职锻炼和模拟企业运营等方式，是创业教育的重要内容。因此，为了更加夯实创业教育实践任务，高校可以从以下几个方面加以改进：①丰富创业实践内容。除了现有的实践内容和方式，高校可以通过更多的实践方式，例如让学生走出高校环境，真正感受市场魅力。②延长创业实践时间。可以将创业实践纳入暑期社会实践或素质拓展课程中去，从而延长创业实践时间。③另设创业实践学分。

2. 丰富创业教育选修课程

（1）灵活创业教育选修课课程配置

选修课不同于必修课和公选课，是根据学生自主的学习意愿进行选择，因

此，选择创业教育选修课的学生，更有创业意愿。选修课程的课程配置，也更应该贴合创业过程的实际情况。关于创业思维探索、创业政策解析、团队建设等创办企业前期相关理论课程，可以更侧重于中低年级的学生，为学生创业做好相关基础知识储备。而关于创业实践、企业探讨与走访这类实践类课程，可以更侧重向高年级学生展开，从而帮助学生增强创业实践经验，在实践中校正自身的创业过程中所存在的问题。不仅如此，高校对于选修课程，可以配备具有授课资质的校外创业导师。

（2）选修课与创业类竞赛相结合

高校可以参考一些助考机构，开设以将创业类竞赛为主要内容的创业类选修课。当前创业类竞赛繁多，参与的学生群体数量庞大，但是关于赛事前期准备、中期开展和后期总结的过程都不成体系。因此，可以将创业类竞赛融入创业教育选修课程，让学生系统掌握相关竞赛所锻炼的个人能力和所需要掌握的技能。

（3）完善创业教育课程评价体系

创业教育倡导的教学评价指导思想应该是以学生为中心，以提高学生的自我学习意识为目标。创业教育的评价体系必然要遵循以下原则。

第一，客观性原则，是指在进行创业教育评估过程中，评价者必须采取实事求是的态度，不能掺杂个人情绪。

第二，全面性原则，是指在进行创业教育评估过程中，评价者必须充分尊重创业教育的时间段模糊性和校内外因素共同影响等特点，全方面、多角度分析和判断当前的教育现象。

第三，一致性原则，是指在进行创业教育课程评估过程中，评价者必须采用统一的标准。这利于使被评价者明确自己在群体中的实际位置，被评价者根据自身在群体中区分好坏、优劣，学习或改进自身当前的教育方式，从而推进高校创业教育工作。

第四，灵活性原则，是指由于创业教育的授课形式以及内容性质与传统类理论课程有所不同，因此实施的课程评估也不能一刀切，而应充分尊重创业教育课程的长效性、终身性的特点。更侧重于学生在上课过程中的实际体验，对于课程最终考核以考查学生创业素养为主。因此，在评价指标的内容设定，权重分布以及评价方法上，都应考虑创业教育课程与传统理论课程的差异，要灵活对待。

（4）加强创业教育融入专业教育

①多层面推进创业教育课程体系建设。

第一，加强高校创业教育公选课建设。增加课程数量，明确创业基础教学任务、具有高校所在地地域特色的地方创业课程和融合创业内容的专业课教学任务三类教学任务特色，扩大课程受益面和辐射面；继续丰富创业教育教师的授课形式，在传统的课堂教学基础上，可增设校外专家讲座、企业家论坛、案例分析、各类创业竞赛观摩等形式。

第二，逐步在公共必修课中融入创业教育元素。探求公共必修课的教学内容、授课方式和场地与创业教育内容的契合点，实现公共必修课与创新创业教育的对接和融合，帮助加强学生创业意识的培养和相关能力的锻炼。

第三，各系要主动开展与专业教育相结合的创业教育。结合各级各类卓越人才培养试点专业平台以及教学创新实验区建设，各专业要进一步完善人才培养方案，充分把握各专业特点，尊重各专业的学生发展模式，开设符合本专业特色的创业类选修课程，对于部分创业学生数量多、意愿强的专业，可开设具有专业特点的创业类必修课程，在强化学生专业基础的同时，提升学生创业素养；鼓励专业任课教师在课程教学过程中讲解创业内容；鼓励学院增设创业类学生企业挂职体验环节，通过实地挂职创业相关企业，感受创业氛围；鼓励学生将专业基础融入创业过程，通过项目运营完善自身专业知识架构认识，为成功实现岗位创业奠定良好基础。

②大力扶持大学生专业创业实践，逐步完善具有地方特色的融入创业教育的专业教育实践体系。强化校内创业联动机制，密切工作室、创业指导中心与孵化园的工作配合，鼓励并推进园区内创业项目与专业相结合，鼓励大学生跨专业组建创业团队，引导创业学生将专业知识融入创业项目；争取逐年增加大

学生创业园的创业实践场地和创业实习岗位，扩大创业平台的受益面，促使更多专业的学生参与到创业园的实践平台中来。鼓励校内跨专业合作形式，从而弥补因成员来自同一专业所存在的技术缺陷。不仅如此，跨专业合作团队可充分运用各专业孵化平台和创业优惠政策，聘请专业教师作为创业项目顾问，从而支持项目运营。学生个人可以凭借社会实践、创业类竞赛等途径自行开展创业实践活动，教师也可以选取一定数量的大学生担任研发助手，带领学生共同研发创业相关的成果。

要发挥利用中小民营企业众多，凭借创业、经商氛围浓郁的优势，建设产学研一体化的创业实践平台。各专业密切与校外的经济技术开发区、高新技术开发区等校外机构联系，充分发挥学校专业优势与企业的资源优势，协同构建专业对口的校外创业孵化基地，推进学生校外创业实践模块工作。

③鼓励专业教师参与教学改革研究，建立专业教研组，就高校创业教育与专业教育相融合的课题展开理论研究，通过相应的鼓励政策刺激专业教师践行创业教育教学改革措施，激发专业教师深入创业教育实践的热情，更好地用创业教育理论指导教学实践。定期组织申报创业教育教学改革项目、专业类创业课程建设项目、创业教育科研专项课题、创业人才培养模式创新实验区项目等；鼓励编写出版创业教育相关的专著或教材，立项省部级研究课题，并努力争取国家级课题。

3. 加强师资建设

（1）教师的激励政策

教师指导学生参加创业教育相关活动，根据统一标准计算工作量，并计入本人的年度教学业绩考核工作量，同时按每课时一定金额的标准核发附加教学工作量津贴。

（2）加强培训与挂职

第一，高校创新创业教育工作者（含创业教育师资、创业工作相关人员）由高校创业教育管理部门根据创业教育师资队伍发展需求安排参加创业类业务培训。

第二，鼓励支持高校从事创业教育的工作者深入社会各单位展开挂职学习，密切把握各行业创业最新动态，更新创业教育相关理念，从而提升自身创业教育指导能力。

第三，挂职人员在挂职期间，其待遇应不低于原在职期间。

（3）加大宣传，加强内涵理解

大力宣传加强大学生创新创业教育的必要性、紧迫性、重要性，使创业成为高校办学、教师教学、学生求学的理性认知与自觉行动。积极利用高校官方、微信、宣传栏等各种媒体宣传创业教育及成效，通过教学宣讲会、优秀项目报告、未来企业家人物评选等活动，选择学生创新创业成功典型，培育创客文化，努力营造敢为人先、敢冒风险、豁达宽容的氛围环境。

（4）规范校外创业导师职责

为了充分借鉴利用社会创新智力资源，提高创业服务能力，促进区域经济发展，可以采取创业导师从成功企业家、行业管理专家、投资金融等专业机构人员、科学技术专家等领域聘任的方式，为在校大学生提供具有导向性、专业性、实践性的创业指导。学院充分考虑到创业导师本职工作繁忙，工作场所不在高校内，导师无法像高校教师一样定期展开课程教学，但为了高校创业教育能够有序进行，特对校外导师的职责进行规范。

4. 完善高校创业教育校内外资源保障制度

（1）完善校内资源保障制度

第一，加强组织保障。进一步强化全院创业教育工作的顶层设计与协同推进。成立创业工作领导小组，组长由高校校长担任，副组长由分管学生（创业）工作副书记、分管教学的副校长等担任，成员由各下属学院的院领导、相关部门负责人组成，创业工作领导小组负责统筹全院创业学院或创业办公室，负责人由校领导兼任，创业学院或创业办公室以第二课堂为主体，整合创业就业工作部、教务处、团委、实验教学管理部等部门的相关职能，系统推进课程实践训练、项目培育推广、创业班管理建设等工作。建立由创业学院或创业办公室牵头，各下属学院、各相关职能部门齐抓共管的创业教育工作机制，把创业教育纳入高校改革发展重要议事日程，研究部署创业工作，强化各下属学院、直属专业在推进创业教育改革发展中的主导作用，明确工作任务与目标。

第二，创业教育绩效纳入下属学院教学业绩考核体系。将创业教育绩效纳入下属学院教学业绩考核体系，从而刺激下属学院或专业挖掘项目及相关人才，激发创业教育的潜力；建立创业学院、下属学院专任联系人机制；完善支持学生创业的弹性学制和学分冲抵机制；建立教师参与、指导学生创新创业项目与教研业绩之间的等效机制；完善激励政策，推进高校教师到社会企业挂职学习制度，指导学生创业见习、实训，指导学生参加创业计划类竞赛，提升专任教师的综合素养与教学能力。

第三，加大经费投入。创业教育改革专项经费应被列入高校日常经费预算中去，因此保障创业教育改革推进过程中的有序与稳定；在下属学院或专业教学维持经费中单列实践经费，专款专用，保障大学生创业活动和教学改革的有序进行。

（2）简化校外资源入校程序

高校创业教育面临的校外资源大多来自当地政府与企业，为了更有效地推进高校创业教育与校外资源的合作工作，可对于这两类单位提前设置相应的审核机制，高校内各单位的审核由高校创业学院工作人员负责协调推进，避免单位负责人多次往返高校进行同类资质的审核。

（3）建立合理的分配制度

①增设校外资源补助制度，高校创业项目必然经过创业教育管理部门统计汇总，高校可以通过校内外导师、软件评测对于该创业项目进行前期评估，其中包括对于项目可见收益周期的评估、启动项目所需资源总量的评估以及项目发展前景的评估。重点把握科学技术含量高、可见收益周期长、前期投入资金多的创业项目，对于这类高精尖创业项目，允许创业团队申请校外资源补助，申请由校内外组合评审团队、教务部、财务部进行审核，审核通过的项目，按启动难度等级给予校外资源补助。

②建立校外资源奖励制度，对于在各类竞赛中获奖的创业项目，高校可

以对校外资源进行分配，对于获奖的创业项目给予鼓励，推动获奖创业项目孵化。例如，获奖项目可以利用校外资源的平台、硬软件，甚至奖金分配。通过校外资源奖励制度，激励创业团队参与到各类创业竞赛中去，接受赛场乃至市场的考验，在竞赛中发现自身缺陷与不足，从而及时校正创业项目。高校也可以通过这一途径提升自身创业教育水平与校内知名度。

③建立校外资源专项使用制度，部分校外单位对于资源投入有一定要求，如投入资源只针对某一行业的创业项目或某一专业的学生。因此对于有明确要求的校外资源，学校应建立严格的专项使用制度。对于每一项资源的使用都要在要求下进行，资源进行实时记录与反馈。

（4）建立与校外资源的对话机制

①丰富校政、校企合作模式，绝大多数接受校外资源的高校，都是将校外资源引入高校内，方便高校的分配和使用，但是单一的资源输入途径会产生一定的资源浪费，许多单位存在的资源，特别是大型设备无法很好地利用起来。

②保障校外单位合法利益，不同于早期"公益式"的高校与校外单位的合作模式，目前越来越多的校外单位，特别是企业追求双赢的合作模式。按长远合作而言，双赢的合作模式更有利于双方长期发展。

# 第二节　高校教育行政管理

## 一、高校行政管理中的思想政治教育

随着管理的不断科学化和思想政治教育的不断深化，思想政治教育和高校行政管理的联系越来越密切，相通性也逐渐明显。马克思主义哲学上所说的联系的观点，是指世界上的一切事物都是有联系的，而这些联系又是客观的，不会被外力所改变，我们只能改变联系发生作用的条件，以此来创造新的联系。同理，我们也应该重视思想政治教育与高校行政管理的联系，创造条件让思想政治教育充分融合在行政管理工作中，充分挖掘和探索思想政治教育的更多功能，使其更好地为行政管理工作服务，以教育促管理、促发展。

## （一）高校行政管理中思想政治教育的重要性及意义

思想政治教育渗透在高校行政管理工作的各个方面，无论是管理制度的下达还是政策的贯彻落实，都离不开思想政治教育的导向和教育。

将思想政治教育融入高校行政管理中，发挥思想政治教育的功能和作用，是指在高校行政管理工作中，不仅要凭借必要的规章制度和行政手段来进行管理，而且要学会运用思想政治教育中的方法和理念，创新管理理念，使管理者提高思想认识，激发创造力和工作积极性，使其对被管理者进行正面引导和教育，发挥思想政治教育的主体功效，才能使被管理者服从管理，使管理工作顺利进行。

但如果只进行教育而缺乏必要的管理，就会失去约束力，缺乏保障，影响教育的实际效果。所以，严格的行政管理制度是必要的，在管理的同时，发挥教育的作用，这就要求管理者和行政部门的人员首先以身作则，从思想上加以重视，转变管理观念，创新管理方式，将教育的功能融入管理过程中，克服把管理与思想政治教育相割裂的错误倾向。在实际工作中真正践行理念，将思想政治教育渗透到管理的各个方面，才能更加有效地引导大学生的思想和行为，使高校的行政管理工作卓有成效，学生的管理工作自然能够顺利地进行。高校行政管理工作需要思想政治教育发挥重要作用，不仅有其重要性，也有其理论意义和现实意义。

### 1. 有利于调动管理者和被管理者的积极性

无论是管理还是教育，都要遵循"以人为本"的管理理念，思想政治教育中包含的"以人为本"的思想更是深刻。思想政治教育就是要提高人的觉悟，启发人的创造力，调动人的积极性，激发人的斗志，使人能够全面发展。思想政治教育过程中始终包含着人本思想，把人当作主体，重视人的思想和教育。高校行政管理要吸收思想政治教育中的人本理念，要把"以人为本"当作管理的原则，充分考虑人的因素，形成一种人本的管理方式。这样不仅能提高管理人员的思想觉悟，更能激发管理者的积极性，在管理中促进大学生价值观的正确形成和发展，更容易实现管理的目标，在管理中达到育人的目标，实现管理育人。

2. 有利于提高管理人员的业务素养和水平

一般来说，负责学校的行政管理工作的人员对思想政治教育的理论和内涵并不是很清楚，行政管理人员一般擅长的是管理工作，思想政治教育的任务和活动主要由思想政治教育工作者和各个院级的辅导员来完成：如果在高校行政管理中融入思想政治教育的内容，就能让高校行政管理人员多接触和了解思想政治教育的理论，融会贯通，培养出既懂管理又能在管理的同时做好思想政治教育工作的人才。高等学校在育人的过程中，全面发展的人才是必不可少的，既懂管理又懂教育的人才在高校的管理工作中是紧缺型人才。思想政治教育也与多个学科密切联系，在不断学习的过程中可以提升行政管理人员的职业素养和专业水平。行政管理工作者从管理的实际出发，除了掌握必要的行政管理知识以外，更要学习思想政治教育的相关知识，在实际的管理工作中加以灵活运用，才能不断提高高校行政管理的科学化水平。

3. 有利于促进高校管理工作的良性运行和校园文化的建设

高校行政管理工作是高校学生管理工作和校园文化建设的重要组成部分。在管理工作和文化建设的过程中，任何一环出现问题都不能有效地完成建设目标。在高校行政管理中发挥思想政治教育的作用和功能，弥补了行政管理工作的不足，创新了管理理念，提高了管理的效率和质量，这对于其他部门的工作也具有借鉴意义。高校的校园文化建设不仅需要显性的文化宣传，更不能忽视隐性的教育作用，而思想政治教育也是通过教化、激励和引导，在无形中改变人的思想，使人受到教育，这也恰好契合了校园文化建设的要求。行政管理的显性与思想政治教育的隐性相结合，刚性与柔性相结合，创新了管理方式，使学校的管理工作更加顺畅，同时在管理中也融入了思想教育，以人为本，更有利于建设和谐的校园文化。

（二）高校行政管理中思想政治教育发挥作用的必要性

高校行政管理与思想政治教育的相通性日益凸显，二者之间相互渗透、相互结合的情况也在不断扩大。如果仍像以前一样认为二者互不相关，割裂二者的联系，教育和管理"两张皮"的现象只会愈演愈烈，得不到解决。将二者有机结合起来，运用思想政治教育的长处弥补高校行政管理的短处，扬长避短，使其在高校行政管理中充分发挥作用，已经成为一种不可阻挡的必然趋势。

1. 理论依据

高校行政管理工作无论是管理的主体还是管理的对象，都是针对人的管理，那么必然会对人的思想产生影响。离开了细致的思想教育，管理工作就失去了思想上的保障。但如果只重视教育，忽视管理，也难以取得效果。所以要将两者相互结合，要想做好高校的行政管理工作，就要针对不足寻求解决办法，而思想政治教育的特点恰好弥补了管理工作中的刚性不足。教育和管理犹如学生管理工作的两面，缺一不可，二者既相容又互补。管理通过外力对人进行约束和教育，从这一方面来讲，管理本身就是一种强有力的思想政治教育。思想政治教育是通过内化来引导教育人，二者相结合，使人既有行动又有觉悟，这样才能做到真正的执行和遵守。

对于大学生来说，其涉世未深，不仅需要加强管理，更要在管理的基础上进行思想政治教育，对行政人员和大学生的思想和行为进行合理的约束和规范，从而使他们自觉地用正确的思想指导实践，在实践中又产生新的思想，又能反过来指导实践，把思想和行动统一起来，既完成了管理的任务，又实现了教育目标。因此，高校行政管理要充分重视和发挥思想政治教育的功能，以人为本，根据规律尊重、关心、理解人，将人本思想和人文关怀运用到管理中，实现管理的人性化。

2. 主观条件

如今，高校行政管理人员和大学生的思想现状成为高校行政管理和学生管理的一大难题，这决定了高校行政管理中必须发挥思想政治教育的功能，不能盲目进行管理和约束。在信息化、现代化、全球化浪潮的冲击下，大学生的思想面临着多元化的选择。现在大学生的思想归纳起来有以下特点：学生的自我意识增强，但是缺乏社会责任感；思想较为开放，但是对事物的选择和辨析能力较弱；有一定的道德素养和认知，但是自律能力和自控能力较差。要想改善大学生的思想状况，单靠思想政治教育工作者的努力是不够的，因为单纯的思想政治教育缺乏强有力的约束，空洞的说教通常不构成说服力，学生自律能力本就不强，难以主动遵守和接受教育。这就需要采用一种硬性管理和柔性教育相结合的方式，把思想政治教育融入高校行政管理的各个环节中，既能加强大学生的思想教育，又能顺利完成学生管理工作。

3. 客观条件

随着高校的不断发展和完善，高校的组织机构也越来越健全，这为二者的结合提供了有利的客观条件。各个高校现在都有自己健全的组织机构和行政领导机构，形成了层层负责的组织系统，并且建立了行之有效的管理办法和规章制度，这种稳定而系统的组织模式为思想政治教育发挥作用，实现与行政管理工作的结合提供了保证。并且，现在各种高校的发展都得到教育部及各个省市政府的经济和财力支持，有了经济作为物质基础和保障，管理工作更有望取得良好的实效。

另外，工作对象的统一也为二者结合提供了客观条件。无论是高校行政管理，还是思想政治教育，他们的管理对象和工作对象都是人，这种客观存在为二者的相互联系提供了结合点。行政管理工作需要人进行管理，管理工作的对象和思想政治教育的对象都是大学生，二者都是为了实现学生的发展，实现学校的工作目标。由此可见，思想政治教育在管理工作中是不可或缺的，对人的管理就必须遵循人的思想行为规律去研究人的需求，从而实现对人的行为的管理和规范。只有运用思想政治教育的相关原理了解人的思想意识和行为动机，才能对症下药，有针对性地对学生进行管理，否则仅重管理轻教育，将难以实现管理的目标。齐抓共管，协调一致，才能形成行政管理工作的合力，只要对管理有利的因素，我们都要加以借鉴和学习。只有充分调动高校管理工作的各种积极因素，才能提高管理的质量，把高校行政管理工作做得更好。

### （三）高校行政管理中思想政治教育的功能

高校行政管理的改革和发展离不开思想政治教育功能的发挥，高校行政管理与思想政治教育不能分开来谈，能不能利用思想政治教育的优势来应对高校行政管理工作中出现的问题，关系到高校行政管理工作的创新与深层次发展。行政管理工作中的各项措施的实施，必须要让思想政治教育参与其中，发挥思想政治教育的积极作用，使行政管理者顺利完成任务，并能使大学生自觉接受管理，这样，行政管理的成果才能得到进一步巩固。从这种角度来说，思想政治教育成了行政管理环节中的重要组成部分。

1. 思想政治教育的内化功能

内化具体划分为三个阶段：第一个阶段是服从，即表面顺从的行为；第二个阶段是同化，即自愿地接受他人或集体的思想和观点；第三个阶段才是内化，即人真正从内心主动认同他人或集体的观点，后将这些思想和观点纳入自己的价值体系和行为规范内，进一步指导自己的行为。

思想政治教育内化指的是人们在接受思想政治教育的过程中，将社会发展要求的思想、观念及规范纳入自己的价值体系和态度体系中，并成为自己意识形态系统的重要组成部分，用来指导自己的行为的过程。

思想政治教育的内化功能同样适用于高校行政管理工作，在执行管理工作的过程中，难免会遇到管理者积极性下降、服务意识不强、管理观念未能有效转变等问题，这就说明管理人员的思想意识出现了问题，对管理工作没有从内心和思想上真正重视起来，所以，思想政治教育的内化功能首先适用于从事管理岗位的行政人员，是为了使行政管理工作真正被他们所重视，提高其业务积极性和创造性。思想政治教育的内化功能，也适用于在校的大学生，只有让他们从内心真正认同管理的规章制度，才能让他们自觉接受管理。思想政治教育的内化功能适用于行政管理的各个方面，在制定管理的规章制度时，可以设身处地考虑到管理者和被管理者的感受和想法，使之更具有人性化。

2. 思想政治教育的引导功能

思想政治教育的引导功能，实际上是对人的发展提供正确的引导，也为社会的发展提供正确的方向。思想政治教育的引导功能，就是对人们的思想意识、价值取向、行为方式进行引导，使之符合社会和个人发展的需要。这种引导可以是理想信念的引导，可以是奋斗目标的引导，也可以是行为规范的引导。虽然在行政管理工作中主要是发挥管理和服务的职能，但是如果被管理者不接受，不服从，那么管理工作将很难继续下去。这就需要我们在管理和服务的同时，用思想政治教育中说服教育的方法，逐渐转化学生的错误思想和认识，引导和启发学生从内心自觉、自愿接受管理、接受教育。这种引导功能和前面所提到的内化功能都是侧重从人的内心、思想和精神方面来调节学生的行为。这样一来，管理工作不仅能顺利地进行，并且还会富有成效。

3．思想政治教育的育人功能

思想政治教育是基于人、为了人、指向人的活动。思想政治教育要想实现和发挥育人功能，首先要树立"以人为本"的人文关怀理念，重视人的本体性作用，关注人的情感态度和需求，这样才能实施教育人的功能。育人功能在对人进行思想政治教育的过程中，对人进行思想教育，并施加一定的影响，目的是使教育对象的素质得到全面提升，帮助其成才。在行政管理过程中，思想政治教育的对象不仅仅是大学生，还包括行政管理人员等。在行政管理过程中借助思想教育的功能，最初的目的只是解决行政管理工作中出现的问题，但随着思想政治教育功能的发挥，在解决行政管理工作中出现的问题同时也取得了意外的成果。

在管理中融入教育的因素，不仅使管理人员提高积极性，转变了旧的观念和思想，也使管理人员在实施管理的过程中，注意运用思想政治教育的功能来实现对学生的管理，最终使得管理人员和大学生在潜移默化中接受了思想的熏陶，在无形中影响了他们的思想、意识和价值观念，使之树立起正确的行为规范和价值观。思想政治教育的功能在管理工作中得到充分发挥，使教育和管理相互融合，不仅完成了管理的目标，而且实现了在管理中育人。

4．思想政治教育"柔性"特点弥补管理的"刚性"不足

现代高校的行政管理是一种"刚性管理"，它主要运用硬性的规章制度

和规范体系来实现对学生的管理。但是这种过于注重条条框框的硬性规定不一定能使学生心甘情愿地接受，有的甚至会引起学生心理上的反感，执行起来会遇到困难，加之行政管理人员并不懂得把握学生的心理变化，缺乏人文关怀，在学生管理工作碰壁后工作积极性就会消减，产生不良情绪，无法以正确的态度对待工作。如果这种情况长期得不到有效解决，行政管理工作将会陷入恶性循环。

行政管理工作迫切需要一种方法来解决"硬性管理"所带来的问题。既然是由于"刚性"导致的问题，就需要用一种"柔性"的方式加以中和，使之弥补行政管理工作的"刚性"不足。而思想政治教育是社会"软管理"的重要组成部分，其"柔性"的特点和潜移默化的功效可以弥补行政管理的不足。同时，行政管理的变革和发展受到本身制度和体制的约束和局限，难以有效渗透到管理工作的各个方面，并且也难以发挥对体制外的领域的影响作用。而思想政治教育具有独特的优势，具有很强的精神性和渗透性，能够渗入行政管理内部，弥补了行政管理自身无法完成的任务。

思想政治教育与行政管理的硬性规定相反，它是将人生的理想信念培植于人们的思想中，指导人们的行动，提升人们的信念，使人们自觉地遵守规范，在不自觉中形成了一种精神约束力，而不是靠外在的强制力，借助思想政治教育"柔性"的特点，使行政管理工作实现了一种"柔性管理"的目标。管理的最高境界是实现社会成员的一种自我管理和自我约束，而在行政管理工作中融合思想政治教育的因素，使管理者和被管理者在接受管理的同时，也受到了思想上的熏陶，无形中引导他们转变思想，形成共识，使管理转变成他们自觉的行动，能够进行自我管理，自我约束。所以思想政治教育的"柔性"特点在管理中发挥了巨大的作用，促进了管理工作的实施。

5. 思想政治教育凝聚共识，提高了行政管理效率

现代化社会的不断发展，使人们的价值取向趋于多元化。人与人之间缺乏合作和沟通，价值取向和价值观有所不同甚至出现偏差。这为行政管理工作增加了难度，提出了难题。如何找到一个两全其美、相得益彰的方法纠正价值取

向上的错误，树立正确的价值观念成为管理工作应该着重解决的问题，只有社会成员都能认同，才能使工作能够顺利进行。但是不论是管理的主体还是管理的对象，都是个体，都具有个性，要使他们真正形成统一的共识，把个性变为共性，这个过程就离不开思想政治教育。

思想政治教育作为一种精神导向系统，可以通过价值观念的教育和培养，塑造共同的精神理念和文化，凝聚共识，培养出共同的认同感，达到"化人"的目的。单就行政管理而言，思想政治教育主要是针对人们如何管理、如何达成思想上的共识，使在尊重自我价值的基础上，又能自觉认同和接受管理，实现人与人之间的交流、沟通、合作，减少摩擦。这样不仅节约了行政管理的运行成本，而且使行政管理在高效率完成的基础上，还能保证管理的执行力和实效性。思想政治教育自身特有的优势与管理工作相结合，又有行政管理作为组织保障，实施起来更加顺利。以往单纯的思想政治教育缺乏一种有力的保障机制，仅靠说教很难取得预期的效果，如果有行政管理作为保障，既不至于只重视硬性规定，造成刚性不足，又不至于只实行思想政治教育，空洞说教难以服众，二者的结合巧妙地规避了短处，发扬了长处，扬长避短，取长补短，实现了双赢。

另外，要想真正发挥高校行政管理的作用，提高行政管理的效率，使行政管理真正取得实效，就要在建立健全行政管理制度、体系和机制的前提下，使行政管理人员能够自觉工作，恪尽职守，保持高度的工作积极性和责任感，使被管理者即大学生群体能够自觉接受管理，自觉行动，遵守规章制度。只有管理者以身作则，从思想上转变观念和工作态度，才能更好地管理学生，完成管理目标。这就要求对管理人员、行政人员和大学生的思想政治教育不能间断，必须贯穿行政管理工作的始终，进一步强化行政管理工作的力度，确保行政管理工作的执行力。

纵观思想政治教育在管理工作中发挥的功能和作用，都直接或间接地提高了行政管理的效率，无论是内化、引导还是育人功能，目的都是保证行政管理工作的顺利进行，保证行政管理的有效性，保证行政管理的执行力，使行政管理工作发挥管理工作的优势，弥补管理中出现的"短板"。思想政治教育在行政管理工作中有效地发挥了自身的优势，有针对性地改善和解决了行政管理工作中遇到的难题，不仅节约了管理的时间和成本，而且保证了管理工作的高质量完成。

## 二、高校行政管理中的绩效管理研究

随着我国对高等教育的不断改革、对高水平大学的建设不断优化，高校已逐渐意识到，建设一所一流的高校，除了需要提升高校必备的教学品质，还需要将一流的管理作为高校建设的重中之重。为了提高高校行政管理的竞争力，目前已有许多高校将绩效管理引入行政管理中，但针对具体工作，仍缺乏一套完整、高效的绩效管理方法。

### （一）在高校行政管理中实行绩效管理的可行性

1. 高校行政管理同样追求绩效

高校行政管理的主要职能是"以服务全校师生为主"，因而，高校必须首先保证为教师、学生提供各种基础的保障。为了更好地为学校教职员工服务，高校行政管理必须追求服务的质量和管理的效率，自然也就要追求绩效。

2. 高校行政管理目标可量化

工作目标难以量化，是在既往的高校行政管理工作中，绩效管理面临的较大困难。但是，通过近几年高校改革的尝试，不难发现，高校行政工作可以通过全校师生的满意度、认可度以及教职工的归属感等指标进行量化，这为绩效管理在高校行政管理中顺利实施奠定了良好的基础。

3. 绩效管理的循环模式适合高校行政管理

高校的行政管理工作有很多重复性的工作，例如，高校行政管理部门年初就会制定出本部门的年度计划，并且会在年末对本年的工作进行总结，并找出不足之处，在下一年制定计划时进行改进。而绩效管理的过程就是这样一个计划制定、绩效沟通、绩效考核、绩效结果应用、绩效目标提升的周而复始的过程，刚好跟高校行政管理的模式不谋而合。

（二）高校行政管理工作中实行绩效管理存在的问题分析

1. 岗位职责不够清晰

岗位的分析及岗位职责的制定是绩效管理的基础，也是后续环节的基础，如果在高校行政管理工作中，不能对岗位职责进行明确定位，就不能制定一套科学的、合理绩效计划，那么后续的绩效考核的开展以及绩效结果的应用就无从谈起。

2. 绩效考核标准不明确

我国高校年底都要对全体行政管理人员进行考核，但很多时候都并未对考核标准进行科学、合理的制定。通常来说，对于行政管理人员的考核应该是明确的，但结合目前我国现状进行分析，高校的考核标准还不明确，且在大多数考核标准上还缺乏对具体的工作考虑。

3. 绩效指导与沟通环节欠缺

大多数高校各部门，在年初制定好绩效标准后，对行政管理人员在年底进行一次统一的考核，然而在年中的工作过程中，却忽略了对部分效率低下、工作质量不高的行政管理人员进行有效的指导和沟通。

4. 持续管理的理念欠缺

绩效管理最重要的一步，就在于将考核后的结果应用到实际工作中。但是，就目前我国高校现状而言，还没能将考核结果应用到实际工作当中，因此绩效管理的作用也大大受到了影响。另外，每年的考核除了是当年工作的一个评估，更是今后工作改善的基础指标，因此，每年的考核总结自我，以改善后续的工作。

（三）构建高校行政工作中的绩效管理体系

1. 岗位分析

岗位分析是绩效管理的第一步，是保证绩效管理能够顺利实施的良好开端。首先，管理者要对高校行政管理人员的每个具体岗位的岗位职责进行全面了解，并提出合理的、可以评价的指标，使评价指标真正成为绩效考核可信赖的依据。在做岗位分析时，管理者一切要以学校的办学目标为基础，时刻谨记，高校行政管理人员是以服务全校师生为主。

2. 明确绩效目标，并制定计划

对岗位进行充分的分析之后，确定好明确的岗位职责，管理者应该对高校行政管理部门提出相应的绩效目标。在目标提出前，要注意上下沟通，并且让具体工作人员全员参与。在确定了绩效目标后，部门领导和相关成员，一起再结合实际工作对绩效目标进行完善，并定制合理的绩效计划。在绩效计划的周期，要明确行政管理工作人员应该完成什么、完成的时间以及需要完成的程度，将绩效计划做到尽可能的详尽。

3. 绩效指导及沟通

制定好绩效计划之后，行政管理人员按照绩效计划，朝着组织目标努力。在整个工作过程中，管理人员应该进行有效的监督和指导。对成绩较落后的工作人员，及时提醒、良好沟通，并帮助他提高绩效，取得好的承接。这个环节是尤为重要的，也是绩效管理工作取得理想效果的关键，管理者应该尤为重视这一环节。

4. 绩效考核

考核应该分为两个方面的工作：对工作结果的考核和对工作行为的考核。工作结果考核，是对行政人员对绩效计划的完成情况的考察，是否达标；工作行为考核，是对行政管理人员在平时工作中的行为进行考察。在考察中，应该对两个方面进行综合评价，多角度地评价行政管理人员，并使用可以具体量化的指标，保证考核的公平、客观、公正。

5. 绩效考核结果的应用

对于高校行政管理工作中的绩效管理而言，绩效考核并不是终点，它仅仅是一个循环的绩效周期内，对绩效效果的评价，而如何将考核结果应用到实践才是研究的难题。对高校而言，必须将考核结果与教职工关心的问题，如发展机会、劳动薪酬、住房问题等实际奖励结合起来，与激励机制有效结合，才能使绩效管理落到实处，才可以真正调动教职员工的积极性，才可以提高高校行政管理的效率，进而实现学校办学的目标。

绩效管理作为一种科学的管理方法，已经在企业和政府机关得到了较好的运用，但在高校行政管理中应用还不够广泛，这里通过对高校行政管理中实行绩效管理的必要性分析以及高校中实行绩效管理存在的问题分析，构建了高校行政管理工作中的绩效管理体系，希望能够帮助高校行政管理工作上一个新的台阶，更好地为高校事业的发展做好保障。

# 第四章　高校教育管理模式创新的途径

## 第一节　管理层面模式的创新

### 一、管理者提高自身的综合素质

随着我国高等教育的逐步普及以及与国际接轨，各高校面临着激烈的竞争，高校管理者也面临着新的任务和挑战。高校教育管理者除要承担教师应尽的责任之外，还因其管理者的身份，承担着更多特殊责任，这就要求必须全面提升自身的综合素质。

#### （一）高校教育管理者的责任体现

促进高校教育发展和推动大学生成长成才。一所高校的成败很大程度上取决于这所高校领导者的水平，高校教育管理者的能力素质对高校的发展和大学生的成长成才有着至关重要的影响。然而，近年来在从事高校教育管理的这个群体中，有些管理者存在着责任感不强的现象，影响着学校的发展和大学生的健康成长成才。具体体现在：部分高校教育管理者对大学生的管理缺乏科学性，不注重调查研究工作，不注重大学生的成才规律和大学生的个性发展规律，在工作中缺乏社会责任感，缺乏持久性和稳定性，工作不得法，影响了大学生的健康成才。为了对所处的时代和所肩负的责任有一个具体深入的认知，高校教育管理者要注重自身管理能力的提高，不断地吸收新的信息，不断地实践和总结，培养良好的执行力和良好的沟通协调能力。管理能力的提高是一个学习和训练的过程，过去的知识和能力固然重要，但并不等于说我们就可以用过去的知识和能力应对现在和未来，要用发展的眼光培养自我的责任意识。高校教育管理者要注重高校教育管理方法的研究，增强自身科研素质，明确管理的目的，为管理素质的提高奠定基础。高校教育管理者如将科研作为管理过程的先导，管理就能深入下去，就能在教育管理中不断发现问题，不断完善管理方法，不断探索新问题的发生过程，使高校教育管理活动沿着科学化、规范化的轨道进行研究实践。因此，高校教育管理者素质的提升是培养创新人才的保障。高校教育管理者责任体现必须围绕着高校建设发展、大学生成长成才的需要。

1. 促进高校教育发展的责任

目前，高校教育管理者基本上都接受了系统的高等教育，掌握着先进的科学技术和管理方法，是高校发展中一支朝气蓬勃、出类拔萃的队伍，应该努力用自己的聪明才智为高校的发展尽一份力量，为大学生成长成才服务，这是历史赋予高校教育管理者不可推卸的责任。在科技进步突飞猛进、知识经济已见端倪的今天，民族科技正面临着一种咄咄逼人的挑战。高校教育管理者接受了正规而严格的治学熏陶，领略着各门学科的无限风光，探求着自然与社会的最新宝藏，因此有能力、更有责任和义务，促进中国教育的发展，在高校竞争的舞台上一显身手，推动高校的进步。高校教育管理者要对祖国的教育和人才的培养有着高度的关注和思考，对建设有中国特色的社会主义教育、办好人民满意的大学有着比较深刻的理解，积极投身于高校的建设，为不断推进高校的发展而努力。

2. 推动大学生成长成才的责任

对高校教育管理者而言，不仅要注重自我的发展，更重要的是要挑起高校教书育人的重担。高校教育管理者要勇于冲破旧势力的束缚，清除各种历史的和现实的陈腐观念，在办人民满意大学的道路上实现自身的发展和完善，并以此促进高校教育的发展和大学生的健康成才。责任感的重要性是不言而喻的，责任感的培养和增强既需要高校教育管理者本身的努力，也需要社会外界条件的帮助来共同完成。引导高校教育管理者通过实践来体现责任，积极拓宽高校教育管理者与社会沟通的渠道，提供各种各样的锻炼机会，使其能够真正接触社会，以成熟的观点认识社会现象，宣传倡导良好的社会风尚，坚决批判和抵制不良社会风气和社会现象，从而培养自身判别是非、应对复杂局面的能力，只有这样才能帮助大学生明辨是非，树立正确的政治观、人生观、价值观。

## （二）高校教育管理者存在的问题表现

认识不佳、信心不足相存。高校要发展必须提高管理者的水平，必须建设一支强有力的高校教育管理队伍。高校教育管理者管理能力的高低直接影响着学生的成长成才，是学校发展的重要环节，只有提升高校教育管理者的执行力，才能使高校管理决策层的科学决策落到实处，收到实效，从而有效地促进学校的发展。高等学校作为思想、文化、科技资源的聚集地，必须紧紧抓住科学发展上水平这个核心问题，进一步厘清学校科学发展思路，完善科学发展规划，明确科学发展战略，围绕人才培养这个根本任务，培养提升高校教育管理者的素质。但是，目前部分高校教育管理者在管理中仍存在着一些欠缺现象，具体表现在以下两个方面。

### 1. 认识不到位，针对性不够强

高校教育管理的根本宗旨是使每一个学生得到全面发展。因此，高校教育管理者必须具有深厚而广博的学识，成为智慧型的管理者。目前，部分高校教育管理者在工作中表现出解决和处理问题的能力不够，组织能力不强，知识结构不合理，专业学习不够系统、扎实，熟悉法律且有丰富经验的高校教育管理者较少。高校教育管理者结构不合理的问题，使得某些学生管理工作处于应付的状态，难以主动深入开展，这在一定程度上影响了工作的整体水平与质量。有些高校教育管理者对待学生思想教育往往停留在下发文件和空洞的说教上，忽视了综合能力的训练和培养，造成学历与能力很难画上等号。少数高校教育管理者不能踏踏实实安下心来认真学习政治理论，不思进取，得过且过，说一套做一套。

### 2. 执行力不足，全局观念淡薄

有些高校教育管理者甘于平庸，满足于工作上的一般化，创先争优意识不强，理解上级指示精神不全面，执行上级的决策部署不坚决。究其原因，是其对上级政策精神把握得不深入，理解得不透彻，执行办法不多，结合自身实际创新工作思路的积极性和主动性不足，习惯用"老套路"或简单的行政手段解决学生中存在的矛盾和问题，习惯于靠文件落实文件，以会议贯彻会议，导致校党委的有些决策部署只是落实在纸上、停留在会上；在教育管理中合意的就执行，不合意的就不执行或者是晚执行、少执行；缺乏驾驭全局和处理复杂问题的能力，在执行力上显得力不从心。对于解决学生关心的热点问题，缺乏工作上的积极性、主动性、创造性、预见性等。这些不足可以归纳的原因很多，既有责任心不强、思想不重视、执行力不足、全局观念淡薄、作风不过硬、方式方法不佳、相互不沟通、能力素质不高等表层原因，也有体制、机制等深层次因素。因此，面对今天的新形势、新要求，就需要我们更加主动自觉地去迎接新的机遇与挑战，提高工作能力、执行能力以及善于应对突发事件的能力，不断提高分析问题、解决问题、驾驭全局的能力，进而发挥好高校教育管理者的作用，以适应学校又好又快发展的需要。

## 二、高校教育管理者的素质优化——全方位、多角度相结合

高校教育管理者在工作中除了集思广益、博采众长之外，还应具备管理、规划、发展、远景展望的能力。工作不能停留在表面上，必须有计划、有总结，这样才能保证执行的效果，执行过程中绝不能随遇而安，要打破因循守旧的观念，树立大胆创新的观念，自觉运用创新思维，完成高等学校的目标，这就必须培养自我管理能力与社会责任感。

### （一）注重知识更新，加强责任引导

高校教育管理者要在意识到自己责任的同时，把它升华为一种自觉的内心信念，升华为义务感，形成强烈的社会责任感。培养自我管理能力，要把高校教育管理者所具备的政治素质、业务能力、工作经验等作为能力管理的主要内容，根据高校教育管理者的具体情况和需求，有针对性地加强学习与培训，保证获得急需的工作技能和方法，促使高校教育管理者运用自己的理论优势帮助大学生成才，促进学校教育的发展。高校教育管理者作为教书育人的责任主体，具有公民的权利和意识，也必须具有办人民满意大学的责任意识，从而引

导高校教育管理者正确认识个人与社会的关系，认清承担社会责任是实现自我价值的必由之路和强化构建和谐学院的思想基础。个人与社会之间既有区别又有联系，是共生共存、辩证统一的。发挥好高校教育管理者的主观能动性和创造性，使他们善于运用科学理性的思维去分析问题、解决问题，充分发挥高校教育管理者自身的优势，鼓励自我，勇于创新。青年高校教育管理者接受新鲜事物快，上手能力强，勇于创新，可以通过以老带新、亲力亲为拓展渠道，根据"求新""求异"的特点，加强对其社会责任感的有效引导，帮助青年高校教育管理者用理性的思维处理各种纷繁复杂的事物与矛盾，在实践中提高青年高校教育管理者的责任感和事业心。只有这样，高等学校才能培养出服务社会的人才，自身价值也才会得到充分体现。

## （二）注重能力管理，拓展创新载体

高校教育管理者要培养健康的心理素质，锻炼坚强的品质并增强抗挫折能力。高校教育管理者在教育管理工作中常常会遇到不顺心的事情，会感到委屈、郁闷，这种心情会在很大程度上影响工作的效率和准确度，甚至使面临的情况愈加困窘，所以要注重培养自己的心理素质。高校教育管理者要有坚定的职业精神，只有对自己的本职工作付出热情和心血，才能真正把事情做好。在繁重而枯燥的工作中，高校教育管理者只有选择耐心与认真，才能不折不扣地完成教书育人的任务。孔子云："吾日三省吾身。"如果每一个高校教育管理者都能经常对自己的表现进行反思，不断克服自己的惰性和私心，那么高校的教育管理水平就能日益提高。高校教育管理者面对学生工作中"繁、急、难、重"的工作，要创新载体，注重能力管理，要不断去探索新方法，找出新程序，不断提高管理质量，打破因循守旧的观念，树立大胆创新的观念，注重教育的实效性，从而实现个人价值与社会价值的统一。高校教育管理者最终的目的是为学院发展服务，为社会培养优秀合格的人才。高校教育管理者只有具备了社会责任感，才能培养出社会需要的人才。

### 三、切实落实高校教育管理工作

在高校教育管理工作中，辅导员扮演着重要角色，不仅要管理学生，还要教育学生，对学生的学习和日常生活进行正确引导，帮助学生树立正确的世界观、人生观和价值观。对高校教育管理工作中辅导员的角色分析，能促进辅导员更好地对大学生开展教育和管理工作。

高等学校的建设与发展也在国家改革开放以及经济社会深入发展的背景下逐步进入了新阶段。新时期高校辅导员需要承担的责任很多，如落实大学生德育教育、落实学校规章制度、组织大学生参加各种教学活动、为大学生提供专业辅导和择业辅导、疏导大学生心理、帮助大学生解决困难、在大学生中发展党员等，可以说高校辅导员责任重大，其扮演的不单是"政治辅导员"角色。高校辅导员的工作任务特点是艰巨、复杂并且十分琐碎，这就要求高校辅导员具备较强的心理素质、道德素质以及专业素质。在高校管理工作中对辅导员角色进行准确定位，不断寻找提高辅导员管理工作效率的方法，可以促进高校辅导员管理工作的积极开展，实现对高校学生的合理有效管理。

#### （一）辅导员在高校中的地位及作用

高校辅导员在教育学生、管理学生、服务学生方面肩负着主要责任，同时是高校对大学生开展思想政治教育工作的骨干力量，负责组织大学生接受思想政治教育，切实落实高校思想政治教育工作，指导管理学生的日常生活。

1. 管理协调

高校辅导员要对学生进行无微不至的关怀，做到事无巨细，让学生感到温暖。比如，指导学生如何管理日常事务、如何管理班级规章制度、如何组织班级活动、如何动员和促进学风建设等，高校辅导员在班级管理工作中要付出足够多的汗水和心血。高校辅导员被高校师生们公认为"学生工作管理员"，其在工作过程中要协调校内各部门与学生之间的关系，做到对校内各个环节进行有效衔接，充分发挥高校的管理育人力量。

2. 纽带桥梁

通过辅导员可以架起高校与学生之间沟通的桥梁，辅导员要负责收集掌握和处理学生的意见和要求，贯彻落实学校政策法规、规章制度，组织学生开展各种校园活动。由此可见，高校辅导员加强了学校与学生之间的思想沟通，能够为高校的育人工作创造和谐稳定氛围，促进高校管理工作高效稳定运行。

3. 教育疏导

高校辅导员采取疏导式模式对大学生进行教育，教育工作涵盖大学生的各个方面，不只停留在思想教育层面，进行的重点工作是帮助大学生进行职业生涯规划，促使大学生树立远大理想，形成正确的世界观、人生观和价值观，使大学生在学习、生活和工作方面端正态度，为高校培养高素质人才提供保障。

4. 成才导师

辅导员会影响到学生的方方面面，如思想观念、价值取向、处事态度、行为方式以及学习成绩等，优秀的辅导员可以对大学生产生积极影响。辅导员是大学生进入大学以后面对的第一位导师，其负责大学生四年的学习和日常生活，并且对大学生的学习和生活予以引导，直至四年后大学毕业。大学阶段学生身体发育以及思想成长逐渐成熟，辅导员对大学生能够产生潜移默化的深远影响。

## （二）高校辅导员工作问题分析

1. 工作热情不高

辅导员队伍中年轻教师居多，其工作待遇和条件并不好，而且他们的工作没有得到足够重视，对其培养和扶持力度较小。高校辅导员不仅要管理学生的日常学习和生活，自己本身还有沉重的学习任务，其工作责任很重，加上存在工资低、住房小的问题，使得辅导员内心出现了极度不平衡现象。

2. 轻视思政教育

高校辅导员的最基本工作是思想政治教育工作，受到种种原因影响，高校辅导员在思想政治教育工作方面没有摆正位置，出现了"说起来重要、做起来次要、忙起来不需要"的错误思想观念，思想政治教育工作没有得到高校辅导员的足够重视。

### 3. 责任心缺失

辅导员的个人责任意识不强，才会出现责任心缺失现象，但是影响其责任心的还有很多客观因素，如大学生在复杂的社会环境下，思想变得活跃，言论变得更加自由。高校的扩招提高了生源率，却存在生源良莠不齐的现象，高校辅导员面对日益增加的高校舆论压力，形成了强烈的"怕出事"心理，工作变得被动，责任心渐渐消失，并且逐步形成了"多一事不如少一事"的错误思想观念，其工作过程中注重的是"维稳"，而非正确疏导和引导。

### 4. 公正性失衡

辅导员在实际工作过程中涉及比较多的环节是学生推优和评审，但是这些环节大都存在权利纷争。辅导员的工作压力受社会以及学校内部因素的影响日益变大，辅导员工作的公正性开始出现缺失现象，如家长、领导或者同事和社会等会干扰学生的党员评选和奖优活动。

### 5. 专业知识不足

在高校担任辅导员角色的主要是专业学习的拔尖者，或者是优秀学生干部，辅导员学习的专业涉及面很广，也很齐全，理、工、文、教、经、艺等不同的专业都有涉及。专业门类虽然非常多，但是学习心理学、管理学以及思想政治教育专业的辅导员很少，辅导员主力队伍学习的是一些其类专业。高校聘任辅导员重点考虑的不是其所具备的教育管理能力、心理学科背景和个性特长，而是其所学专业是否与所管理学生专业一致或者是相近，这对辅导员的管理工作也有一定影响。比如，在理工科院校中很多辅导员也是理工专业，在文科院校中很多辅导员也是文科专业，无论文科还是理工科院校辅导员，其所具备的思想政治理论、心理学以及管理学方面的知识都是通过后期参加培训得到的。在高校不断扩招的背景下，学校规模也在不断扩大，也对高校辅导员的专业知识能力提出了更高的要求，其所具备的知识很难满足组织学生开展思想政治工作的需要。

6. 岗位认可度低

很多辅导员在工作过程中还要进行学习，并且学习负担很重，但是辅导员的工资一般比较低，使其在家庭生活以及住房方面存在困难，这就大大降低了辅导员的工作满意度。很多高校辅导员都想着能够尽快摆脱辅导员角色，被安排进教师或者是行政岗位，这使得辅导员队伍非常不稳定。

# 第二节　学生个人层面模式的创新

## 一、发挥学生的主动性

大学生的自我管理，包括大学生对自身的生理、心理、行为等方面的自我认识、自我感受、自主学习、自我监督、自我控制、自我完善。具体来说，大学生自我管理就是通过反馈、分析、服务好自己三个方面，即了解自我长处、管理自我目标、学会做事和与人相处。

### （一）自我管理的入门——了解自我长处

了解自我最重要的就是找到自己的长处，这是大学生首先要做的事情，也许要用整个大学的时光，但越早发现对将来的发展越有利。发现长处不能靠闭门苦想，而要通过实践检验并实时反馈分析。所以，作为大学生，要敢于尝试，在大学学习期间要尽可能地涉猎广泛的书籍，在假期要抓住每一个实践机会。

当然，一个人的成长是动态的，特别是对于可塑性强的大学生而言，其具有的长处也是不断发展补充的。长处可以靠挖掘，也可以靠培养。为了更好地生存，人的无限潜能也能帮助自己激发和形成新的长处。因而，寻找长处不是固有的模式和框架，而是不断定期进行反馈分析，把寻找长处、培养长处与发挥长处统一于实践，才能让长处充分发挥作用而真正成为一种竞争的优势。

在大学，学生在学习生活中难免有诸多抱怨，这都很正常。也许对于很多人来说，当年轻有精力时，却没有做事的外部条件，当外在条件成熟时，可能人老没精力了。但所谓"非才之难，所以自用者实难"，善于自我管理的人，才善于自用其才，才能在广阔天地间让长处充分发挥，抓住机遇，走向成功！

## （二）自我管理的核心——目标管理

在明确了自己的长处之后，接下来就是目标的管理。做"正确的事"比"正确地做事"更重要。目标是什么？就是"做正确的事"。它包括下面两方面。

第一，设立目标，让生活有明确的方向。不想当将军的士兵不是好士兵，作为一名大学生，要志向远大，目标明确。设立目标，要把握三个要点，一是目标一定要结合优点，围绕长处来构思。设立的目标，要能强化长处，专注于长处，把潜在的优势转化为现实的优势。二是目标必须具体，不能含糊其词，任何人都不可能去实现一个模糊的目标。三是目标要适中，既不能眼高手低，也不能妄自菲薄。虽古人云："取法乎上，得乎其中；取法乎中，仅得其下。"我们设立的目标如果太超过自己的知识和能力水平，那么目标就会成为空中楼阁。

第二，要分解目标，随时充满紧迫感。目标可区分为长期目标、中期目标、短期目标三类。长期目标要瞄准"未来"，要把眼光放到毕业后的人生当中。

## （三）自我管理的重要内容——学会做事和与人相处

自我管理最终是要去服务社会，融入他人，而不是一味地管理"自我"，所以自我管理很重要的作用和意义在于它的社会性——学会做事和与人相处。学生经过了大学教育，最终是要进入社会的，所以在大学教育中，在学生自我管理的内容中，重视社会性素质能力的提高是十分关键的。归根结底是要"学会做事做人"。做事，除了做好事，做对事外，还要提高工作效率，以最佳的方式完成。做人，除了做好人，做对人外，还要做个成长快，成功快，受人欢迎和敬佩的人。

## （四）学生自我管理在高校管理工作中发挥着重要作用

学生自我管理渐渐成为高校教育管理重要的一方面，具有显著的作用。

首先，能够有效地提高大学生的主动性，增强解决实际困难的能力。"自我管理"是以大学生为主的管理模式，大学生扮演管理者和被管理者两重身份，学生主动参与管理，又接受来自自己的管理，充分体现了学生的主体性。

其次，有利于塑造大学生独立性品质，增强社会责任感。"自我管理"实质上是学生的自我约束。在高校规章制度的监督下，增强学生的自我控制能力和独立感，加强学生的主观能动性，使学生在学习生活中，对自己负责，对他人负责，对社会负责。

再次，能够帮助学生认识自我，发展自我。"自我管理"是一种软性的管理，学生在学校制度的约束下，能够充分了解自己的真正需要，在进行自我教育的过程中，有效地弥补自身的不足，实现自我发展。

最后，有助于丰富学生的校园生活，增强学生的实践能力。学生进行自我管理，更能积极地去开展校园活动，丰富文化生活，增强交际能力，社会实践能力也会有所加强。

### （五）学好做事做人有几个基础

一是顺应良好的个性习惯。尽管我们说大学新生是站在同一条起跑线上，但他们实际上是带着将近二十年的人生履历进入大学生活的，一般都有自己的习惯。帮助学生区分他们习惯中哪些是好的习惯，哪些是坏的习惯，并设法改掉坏习惯是非常重要的。把坏习惯开列一个清单，按程度排序，下决心一个一个地改掉，每改一个画一个，直至画完为止。对于好习惯，要强化并顺应。比如在学习方式上，有的人是阅读者——通过读收获最大；有的人是倾听者——通过听收获最大。只要能学到知识，这两种都是好习惯，关键在于自己属于哪一类。

二是合理利用时间。大学生最大的资源就是年轻，充满活力。掌控时间，就是要合理利用学生拥有的时间（青春年少）和精力（充满活力）资源去换取知识和能力。要帮助学生学会善于协调两类时间。一是他控时间，如学校安排上课、实验的时间；二是自控时间，即属于自由支配的时间。一个人每天效率最高的时间只有20%，所以要学会用20%的时间做80%的事情。此外，锻炼身体并不是浪费时间。

三是借助他人的力量。一件事情的成功往往是多方面合力的结果，而我们每个人的能力是有限的。因此，要善于利用这些资源和能力来完成共同的任务。所谓聚沙成塔，众人拾柴火焰高！

四是善于沟通。现代社会是一个竞合时代。单枪匹马的孤胆英雄基本没有用武之地了。即使是英雄，也要有人支援。大学生生活的圈子小，人际关系相对简单，要学会把所处的环境看成是练兵场，培养与人相处的技巧，学习建立良好人际关系的能力。只要生活在社会上，我们就要与人打交道，相互沟通至关重要。了解别人，也让别人了解自己，互通有无，才会有1+1>2的结果。要了解别人，就要学会换位思考，站在他人的立场上来分析问题，以同情的心态接受别人的观点。培养自己迷人的个性、得体的衣着、善意的微笑、诚挚的言谈、积极的进取心，从而让别人了解自己，欣赏自己。通过沟通，建立起牢固的人际关系网，你就有了生产力。

善于做人做事是一个较大的范畴，涵盖很广，市场上也有很多相应书籍和碟片。学校管理做得再好，对于大学生来说只是一种外部的知识灌输和秩序的强制执行。而此时的大学生正在积极发展探索、发现、分析、解决问题的能力，也正处在一个自我分辨、自我抉择的时期。这种积极、主动地认识自身主体的意识是很重要的。高校教育者作为素质导师的最主要的工作其实并不在于把学生管理得多么好，而在于如何给予学生好的观念、方法和建议，为他们创造一个良好的成长环境，让他们更好地自我管理，帮助他们走向成功。

### （六）高校学生实行自我管理的实践途径

（1）改变传统的管理观念，加强对"自我管理"的认识。高等教育不断普及的同时，高校教育管理正凸显一些问题。比如，教育管理仍实行一种强制性的管理模式，学生只能遵守学校的各项规章制度，从而限制了学生的自我发展；从事学生管理工作的人员，包括班主任、辅导员整天都在忙于日常事务，或从事自己的工作，没有时间去了解学生的思想动态，不知道学生的真正需要，把握不了教育管理工作的关键所在；学校领导对学生工作不够重视，整天忙于学校大大小小的事务中，把教育管理置之度外；有的高校不断修建新的校区，后续的工作没有跟上，以上的这些情况，在很多高校都很常见。然而，这种传统的管理模式已经不再适应新时期的高校管理，因此学校教育管理者必须转变这种观念，接受新思想，树立以学生为主体的学生自我管理理念。

（2）创造大学生自我管理的环境，实行有效的自我管理。环境的作用对一个人的发展是有很大影响的。环境包括人和物两方面。大学生是学校的主体，是建设文明校园的主力军。高校只有充分发挥学生的自我管理作用，才能建设文明校园，才能培养出合格的大学生。宿舍是学生主要的生活场所，因此宿舍氛围的营造是一个重要方面。合理良好的宿舍环境对于培养大学生的自我管理能力发挥着巨大作用；教室是学生学习的地方，保持教室的安静是每个学生必须遵守的首要原则。

（3）制定大学生自我管理的一些制度，引导大学生进行自我管理。要使大学生进行有效的自我管理，就必须有相应的制度来约束。实行自我管理，并不意味着放任自流，而必须有一些制度作为底线。否则，就难以把握大学生的发展方向，也违背了高校人才培养的初衷。因此，相关制度的建立，对于大学生的自我管理，起着一定的引导和约束作用。

总之，要想有效地实行大学生自我管理，高校全体师生必须意识到自我管理的必要性，在班主任、辅导员或教育管理工作者的指导下和一些相关制度的约束下，充分挖掘学生的潜力，增强学生自我控制能力，使学生在自我管理中全面发展。

## 二、改变学生的思想观念

伴随着社会主义市场经济的逐步发育，高校学生的思想观念呈现出多元趋向的若干新特点。

### （一）价值观念的多元趋向

其一，价值取向的多向化与功利化共存。高校学生面对经济、政治体制大变革的社会环境，每天都在经受着改革开放的洗礼，感受着来自国内外各种政治、经济、文化思潮的影响，"供需见面""双向选择"也迫使他们去推销自己；社会现象和育人、用人的新模式深深撞击着他们的心灵，使他们的价值取向向多向发展。突出表现在就业选择上，他们认识到实现人生价值有多种途径，既可以在国内生根开花，也可以到国外拼搏；既可以到党政机关、国有企业工作，也可以到"三资"企业、私营企业服务或自我创业。其价值取向不愿受羁绊，认为"不能在一棵树上吊死"，也不希望被"服从祖国需要"框住。同时，社会上纷繁复杂的经济生活的"投射"，使他们对个人利益的关注和反思明显增多。在行为中表现出明显的利益要求，外贸、金融、建筑等热门专业成了大学生追逐的目标，不管专业与否，其价值取向往往以功利为轴线向多向辐射。

其二，价值主体的自我化与社会化共存。改革开放以来，高校学生在进取精神得到弘扬开拓的同时，自我意识得到明显增强。他们既赞成个体社会化的道理，又全面重新审视并高度重视自我价值，崇尚价值主体的自我化。他们认为在竞争激烈、优胜劣汰的市场经济社会里，在多元经济成分、多元经济利益、多元经济分配形式共存的社会主义初级阶段，必须凭借自我的主体性、能动性和独立性，才能实现自己的人生价值，进而特别珍视发展自己的个性兴趣，期望在竞争中表现自己的个性。当前，"以自我为主体"的人生价值观在高校学生群体中得到普遍认同，"自我设计""自我成才""自我实现"的意识已充盈其脑海。因而，其思想行为常处在自我化和社会化的矛盾之中，表现出一种身不由己处于社会大潮的无奈，而看问题呈现出从自己的角度出发衡量一切的倾向。其价值取向在一定程度上是以自我为中心向多向辐射。

其三，价值目标的理想化与短期化共存。每个考入大学的高校学生，对未来都有着美好的愿望。为实现自己的理想，他们对社会政治、经济领域的变革十分关注。但这种关注带有一种重眼前、轻未来的反理想主义的倾向和一种文化近视特征，更多的是追求眼前的社会变革所带来的个人实惠，缺乏长远的战略思考，因而对社会变革和自身的发展都表现出急于求成的心态，总是埋怨进程太慢。在知识侧重上，往往更注重直接应用于生产、经营方面的专业知识，而对见效较迟，但是实现远大理想所必需的基础理论知识则较忽视和冷落。有些人甚至片面地认为社会活动能力，特别是社交能力是一个大学生应具备的首要素质。其价值目标的理想化和短期化两种现象矛盾地共存于一体，心目中追求价值目标的理想化，但在行动中价值取向的短期化行为又显而易见。

### （二）是非标准的多元趋向

高校青年学生的是非评价观念发生了重大而深刻的变化，对善与恶、道德与不道德、成功与失败的评价标准不再是过去那么单一、纯正。西方种种思潮的不断涌入，更起着推波助澜的作用。他们的观察力敏锐但认识较片面，求知欲强但鉴别力较差，对是非标准缺乏辩证统一的把握能力，往往呈现出多元趋向，甚至处于矛盾之中。这种是非标准的多元趋向在另一方面的一个突出表现，是青年大学生头脑中的榜样模式的多元化。传统的先进人物、榜样力量对他们的影响在悄然下降，他们特别容易把与自己的价值取向、理想信念和个性兴趣相同的著名人物作为自己的楷模。

### （三）思想情感的多元趋向

高校学生思想情感的多元趋向集中表现为思想情感的多向、多层次状况，这种思想观念的多元趋向，均有其产生的客观经济基础和社会基础。从某种意义上说，大学校园里思想观念的多元现象，正是社会深化改革、新旧体制更替所引起的社会思想深层反响在高校的奏鸣曲。存在决定意识，在社会主义初级阶段，多元经济体制、多元经济利益、多元经济分配方式的共存，无疑将使人们的思维方式向多元方向发展。高校学生的价值观念、是非观念和思想情感自然难免不呈现出发散型的多元状态。

高校学生思想观念多元趋向的客观效果具有两重性：一方面，反映出高校学生的思想观念随着社会主义市场经济的建立得到了极大的启迪和更新，优胜劣汰观念、自主自立观念、效益效率观念、民主与开拓精神在高校学生中得到了确立和弘扬，使他们对改革开放和我国的社会主义现代化建设事业更加充满了信心，这无疑是积极的有益的效应。另一方面，思想观念的多元和无序则可能导致高校学生的无所适从。无论是价值观念、是非标准，还是思想情感，在根本上只能是一元而不能是多元。否则，"自我"意识的恶性膨胀将导致个人主义，功利意识的盲目发展会形成功利主义和享乐主义，是非标准的多元和思想情感的多向，会使其政治、道德乃至整个人生的成长与培育失去思想基础和方向目标。

高校学生思想观念的多元现象根植于经济体制多元的社会基础之上，是社会变革、思想跃进的客观结果。但是，客观结果并不等于正常结果。决不能让多元思想观念蔓延、演化成政治上的多元意识；也决不能让高校学生陷在思想观念多元无序状态之中而找不着正确的成才方向。因此，如何用科学的理论武器，使高校学生的思想观念由多元走向归一，即如何加强正面教育和引导，使之明辨是非，已成为当前思想政治教育的当务之急。

## 第三节　环境层面模式的创新

### 一、营造健康积极的高校教育管理大环境

随着网络技术的发展，尤其是依托数字技术、互联网络技术、移动通信技术等新技术，以手机网络、微博客、即时通软件等为代表的新媒体技术，对高校网络文化的建设和管理产生了较大的影响。同时，互联网的互动、手机与互联网的互动，以及互联网络、手机网络、电视网络三网融合等形成的新媒体环境也在对如何构建一个健康、文明的高校网络环境提出了新的挑战。因此，如何加强高校网络文化建设和管理，营造积极、健康的校园文化环境，运用网络新技术在新媒体环境下推动高校新闻网的创新发展，用正确、积极、健康的思想文化占领网络阵地，发挥高校新闻网的优势是亟待解决的问题。

网络文化建设已经成为社会关注的热点，也成为思想政治教育工作者参与的一个重要的领域，随着网络信息技术的进步，网民的数量在剧增，网络文化业态呈现了多元化的趋势，它对我们的工作、学习、生活产生的影响也越来越大。高校网络管理中心是全校网络运行的最主要支撑平台和防范不法分子利用网络破坏学校稳定的堡垒，是展示学校整体风貌的"窗口"，是学校重要的舆

论宣传阵地。大力加强高校校园网络文化建设的探索与实践，坚持以下五个方面的创新，是实现高校网络文化建设朝着健康、文明、和谐发展的有效途径。

## （一）加强学校网络思想政治工作队伍建设

在信息爆炸的电子时代，网络思想政治教育日益显得重要而迫切。当务之急，高校需要建立一支高素质的网络思想政治工作队伍，这支队伍不仅要具有较高的思想政治教育理论水平和丰富的思想政治教育经验，还要掌握计算机网络的基本知识和技能，熟练地利用网络平台开展思想政治工作。网络思想政治教育工作的展开，要以了解和熟悉网络语言、网络文学、网络游戏等网络文化的各种形态为前提，把握大学生的思想动态，关注和参与到他们的网络生活中，及时进行心理辅导和思想引导，使思想政治工作渗透到学生的虚拟生活之中，使网络时代的思想政治工作取得更好的效果，这就要求加强高校网络思想教育工作能力建设。加强校园网络文化队伍建设，还需要合理配套各类专兼职人员，既要有网络专业技术人员，又要有网络管理人员，还要有网络文化研究人员。按照"提高素质、优化结构、相对稳定"的要求，建立统一指导、各方配合、责任明确、优势互补的网络工作队伍。凭借这支队伍，努力实践并着力打造"绿色网络校园"。通过各种途径密切关注网上动态，随时与学生进行平等的沟通与交流，及时回答和解决学生提出的有关学习、生活、就业等方面的问题，增强大学生网民的信息解读能力，引导大学生运用辩证的观点和科学的方法，去分析问题，明辨是非，增强对网络文化的辨别力和抵制不良信息的能力，促使他们健康上网。

## （二）提高学生的文化素养、自我调节与管理能力

培养和提高大学生网民对有害信息的自觉抵制意识和能力，对于建设社会主义网络思想阵地具有基础性的意义。首先，要使青年学生学会做自己的心理医生。青年学生的情感丰富而又容易冲动，因此要学会保持健康的情绪，适时宣泄不良情绪，找到合理表达自己诉求的方法，防止过度迷恋网络游戏。其次，要使他们学会计划自己的生活，建立合理的生活秩序。现在的许多大学生尤其是大学新生，生活自理能力较差，有的甚至难以适应大学的集体生活；有

些学生不能进行正常的人际交往，建立良好的人际关系，而人际关系不良也会导致网络游戏依赖和成瘾现象的产生。最后，培养学生的道德自律意识。学生阶段是一个人的人生观和世界观的形成与定型阶段，因此教育他们增强网络伦理道德观念，在网络社会里遵守起码的行为准则，自觉加强修养，树立正确的人生观和世界观，显得非常重要。在这方面，可以开展关于网络游戏道德方面的座谈会，让学生参与进来自由讨论，使他们充分认识到网络道德失范的社会危害性，提高大学生网络自我教育能力。

### （三）营造积极健康的校园文化环境

学校应该有意识地组织力量开展网络信息安全方面的科学研究，利用技术的力量对侵入网络的有害信息进行处理，努力净化网络环境，将有害信息拒之校园网外。学校应该加强校园文化建设，丰富学子们的业余文化生活。首先，要以学生为本，积极开展充满时尚和青春活力的文娱活动，想方设法吸引学生们的兴趣和注意力。其次，及时对沉迷网络游戏的学生给予关心和帮助，为他们营造一个积极、健康的学习和生活氛围。最后，学校适度介入网络游戏，最大限度地控制不健康信息的进入，为学生创造一个积极向上的、健康有序的网络文化环境。

### （四）加强网络监管力度，有效管理网络文化

当代大学生，受世界经济浪潮的影响较深，对新鲜事物的探索和尝试较为积极。但是，由于涉世未深，自我控制能力差，一不小心就会做出违反国家法律和社会道德的事情。高校可以发挥思想政治教育的优势，引导大学生明是非，辨美丑，不制作、不传播、不散布有害信息，树立良好的网络道德品质，自觉抵制不良文化的侵蚀。

校园网络文化技术上的监管可以从三个点切入。

一是校内网站监管。网站留言板和BBS（网络论坛）均以互动方式进行交流，任何人都可以方便地发布信息，属于校园网络文化监控的重点。现在的留言板和BBS在技术上可以做到实时记录发布者的用户名、发布时间、上网计算机IP地址，以及上网计算机安装的操作系统和浏览器版本等资料。这样，既可

以保证学生发布的信息有据可查，又可以对学生产生自我约束效果。

二是校内上网场所监管。通常，高校校内可以上网的场所有公共计算机房、学生机房、网络实验室、电子阅览室、学生宿舍等地点。公共上网场所的上网计算机可以使用机房管理系统软件进行管理，学生凭学生证实名登记上网，有条件的高校也可以使用校园IC卡刷卡上网。机房管理系统软件具备了记录上网时间、上网计算机IP地址的功能。学生宿舍上网管理，简单的可以采取分配固定IP地址、用绑网卡MAC地址等手段，也可以安装一套宽带认证计费系统软件。上网者通过账号和密码登录上网并接受软件的管理。这样，通过技术上的管理措施，结合网站对信息发布者相关资料的记录，可以按图索骥，较方便地寻找到发布信息的人。

三是校内网络信息监管。要想有效阻挡校外网络不良文化传入校园网内，可以采取在校园网网关处对网络信息进行过滤的方法。

### （五）以学生为本，创新高校网络思想政治教育

树立科学发展观，加强大学生网络思想政治教育，就要尊重大学生的主体意识，以学生为本，通过教育目标、教育过程、教育手段、教育方法的设计，凸显大学生的主体地位，增强其网络主体的自主性和创造性，提高大学生对网络的驾驭能力，在知识积累、能力锻炼的同时，提升思想道德水平，促进大学生的全面健康发展。主要要做好以下几方面：

（1）网络环境条件下的高校道德教育需要重新定位自己的目标。遵循理解、尊重和信任的原则，以疏导为主要方式，把发展学生的主体性作为最迫切的目标，指导他们学会选择，着力培养和形成学生正确的道德价值观、道德评判力以及道德自制力，以培养具有自主、理性、自律的道德判断和道德实践的个体，使大学生成为网络道德的自觉倡导者和积极实践者。

（2）需要重新设计道德教育的内容。网络既是德育的手段，又是德育的内容。学校网络德育要在原有德育内容基础上突出价值观的教育和注重道德意志力的训练，使学生能够"辨别真伪、追求真理、慎于判断"，增强识别评价和选择道德信息的能力，抵制不良信息的诱惑。

（3）建立思想政治工作专门网站，占领网络"红色"阵地。专门的思想政治工作网站，是思想政治教育科学化、技术化、时代化的迫切需要。建立网络德育信息数据库，通过网上"两课"答疑和辅导，坚持马克思主义在网络文化中的指导地位。

## 二、与校园文化建设有机结合

高校校园文化是以高校的校园为空间，主体是高校的学生、教职员工，主要内容是课余活动，基本形态是多学科、多领域的文化，广泛的交流和特有的生活节奏，它是具备了社会时代发展特点的群体文化。它是社会主义精神文明在高校的具体表现，是一所高校所特有的精神风貌，也是学生政治文明素养、道德品格情操的综合反映。简言之，高校校园文化是以教师为主导，学生为主体的，在特定的校园环境中积淀形成的与社会时代发展密切关联且具备校园自身特色的人文氛围、校园精神和生存环境。

### （一）校园文化与教育管理的基本内涵

**1. 校园文化的内涵**

校园文化是指由全体师生员工在长期的教学实践过程中培育形成的共同遵守的道德标准、价值观念及行为规范。它以学生为主体，以校园为主要空间，以育人为导向，以精神文化、环境文化、行为文化、制度文化建设为主要内容。环境文化是校园文化的基础，主要包括"硬环境"和"软环境"；精神文化是校园文化的灵魂，包括校风、学风、教风、作风等；行为文化具体体现在师生员工的言行举止中，主要包括各类人际关系、道德行为规范等；制度文化是校园文化建设和学校正常运转的保障，具体包括各类规章制度，如校规、班规、宿舍管理规定、社团规章制度等。此外，校园文化具有五个方面的功能，包括导向功能、教育功能、凝聚功能、约束功能、陶冶功能。此五项功能作用于学生学习和生活的全过程，正确地引导学生健康发展。

**2. 教育管理的内涵**

教育管理是指高校教育管理工作者通过各种手段，对学生在校期间的学习、生活和行为进行管理和规范，旨在维护高校正常的教育教学秩序和学生的生活秩序，保障学生身心健康，促进学生德、智、体、美全面发展。高校教育管理包括学生的权利与义务、学籍管理、校园秩序与课外活动、奖励与处分、学生申诉等诸多方面。其中，学籍管理包括入学与注册、考核与成绩记载、转专业与转学、休学与复学、退学与毕业、结业和肄业；校园秩序包括学生行为规范、寝室管理、环境卫生维护及其他规章制度；课外活动包括各类社团活动、勤工助学及社会实践等；奖励主要指对在思想品德、学业成绩、科技创造、体育文娱及社会服务等方面表现突出的学生，给予的物质或精神上的奖励或表彰；处分是针对违反学习和生活纪律的学生实施的惩罚，包括警告、严重警告、记过、留校察看、开除学籍。此外，随着高校教育管理工作的不断创新，高等院校也越来越注重对学生的服务，绿色通道、就业服务、心理辅导等工作也成为高校学生管理工作的重要内容。

3. 校园文化对教育管理的重要意义

校园文化与教育管理具有密切的关联性。第一，二者目标一致。校园文化与教育管理都以育人为目的，以为社会培养高素质的综合型人才为目标。第二，二者主体一致。校园文化以学生为主体，学生是校园文化建设的参与者与受益者。教育管理同样以学生为主体，学生是学生管理工作的中心。鉴于校园文化与教育管理在提高学生综合素质、培养复合型人才上的一致性，加强校园文化建设必定可以推动教育管理工作的完善和创新。学生思想和行为内容不断延展，新时期的教育管理离不开"学生本位"的教育思想。充分发挥学生的主观能动性，对于学校和学生的发展以及校园文化的建设大有裨益。因此，"一切为了学生，为了学生的一切""尊重人格，保护天性"等先进的教育理念必须被广大教育管理工作者所接受和运用。"以人为本"的育人环境和氛围离不开校园文化的建设。校园文化作为一种群体性文化，通过长期的沉淀与升华，形成了人们共同遵循的价值标准、行为规范和崇高追求。而校园文化所具备的导向、陶冶等功能，潜移默化地影响着学生的思想和行为。学生在特定的人文环境的熏陶下成长，形成健康的人生信念和价值追求。

### （二）构筑良好的校园环境文化，为高校教育管理提供物质保障

教育管理是以服务学生为根本目的的，为学生构筑良好的、有序的校园环境是管理学生的前提。高校校园环境文化首先是包括校园物质文化环境，它是指高校为师生员工学习、工作、生活、娱乐等活动提供的物质条件。高校的物质文化环境是高校校园文化的"硬件"，也是高校教育管理工作的基础环境或基础条件，如果没有良好的校园物质文化环境，高校校园文化无法健康地发展，高校教育管理工作也会缺乏相应的物质保障。比如，学校的环境幽雅，景色迷人，我们就可以用其自然美的景观来陶冶学生的性情，塑造学生美的心灵。校园的合理布局、花草树木、名人塑像、橱窗、宣传栏等，可让学生耳濡目染并感受浓郁的校园文化氛围。所有这些景观背后，都示意了包括建筑文化、历史文化、艺术文化、现代科技文化等"亚文化"的独特的内涵所在。而这种"亚文化"和校园总体建筑本身所构成的校园景观，使校园能时时处处洋溢着浓厚的文化气息。学生通过干净、整洁、优美的环境的陶冶和塑造，既约束了自己的行为，又提高了自身的人文素养，达到促进高校教育管理工作开展的目的。其次是包括知识学术环境，主要指学术科研、教学管理、学风建设等方面的情况和条件。它是衡量一个高校校园文化建设的好坏、管理水平高低的重要因素，它甚至直接影响育人的质量。最后是包括人际关系环境，主要是指校园内部的人际关系，如学生之间、师生之间、领导之间、教师之间等多方面的关系，和谐、融洽的人际关系环境能使大家保持良好的心理状态，利于教，利于管理，利于学生的健康成长。

### （三）营造健康积极的精神文化氛围，为高校教育管理提供精神动力

高校校园精神文化环境建设，第一，应在所有的教学和校园文化活动中坚持正确的政治方向，弘扬民族优秀文化传统，加强对学生进行科学的世界观、人生观、价值观和道德观教育，营造浓厚的舆论氛围，弘扬正气、树立新风、强化理想信念、崇尚奉献精神。这对学生的世界观、道德观、价值观有着树立、锻炼、修正和提高的作用，可以增强学生的民族自信心、自尊心和使命感，激发学生的爱国主义精神，培养学生健全的人格和高尚的道德情操，增强

学生抵制错误思潮的能力。第二，要根据高校总体培养目标和学生实际，开展丰富多彩的第二课堂活动，用健康高雅的文化和艺术，引导学生合理支配闲暇时间，并且注意将教育管理工作融合到生动活泼的各种活动之中，寓教于乐，使学生在活动中展现自己、锻炼自己、发挥自己、实现自我的价值，这对培养学生健全的人格、创新的能力，有着不可替代的作用。由此可见，良好的"精神文化"氛围，是实现高校学生工作科学管理的前提。

### （四）创建科学的制度文化，促进高校教育管理和谐有序

高校校园文化，是社会整体文化的一部分，必须加以科学引导和规范，因而要创建科学的制度文化。制度文化是校园规范化建设和制度化建设的集中体现，这要求高校教育管理必须在各种制度、规章的约束下进行，规章制度对教师教学行为的约束、对学生行为规范的养成、对校园健康向上氛围的形成有着很大的促进作用，这也将促进高校教育管理和谐有序地开展。高校的制度文化，主要包括道德行为规范、公共生活准则、校规校训、业余及课余活动规则等方面。要根据本校情况制定和完善学校各项规章制度，在校党委和行政的宏观领导下，调动学校所有职能部门的积极性，上下协力，齐抓共管，使校园生活规范化、制度化。

### （五）校园文化建设促进教育管理工作的基本途径

1. 加强校园环境文化建设，提升服务学生能力

校园环境文化可称为校园物质文化，与精神文化相对。它是校园文化中的基础系统，是校园文化建设的前提，是精神文化的有效载体和实现途径，也是校园文化的直观体现。

第一，重视校园"硬环境"的建设。所谓"硬环境"又称物质环境，主要包括校园建筑、校园景观、教学设施、体育文娱设施及周边环境等，这些能看得到、摸得着的实体无不反映学校的教育理念和精神风貌，物质环境是开展育人活动不可或缺的基础和物质保障。因此，这就要求学校加大对"硬环境"的投入力度，尽可能地完善校园基础设施，为师生开展丰富多彩的教学活动、文娱活动提供重要的载体，使师生学有其所、乐有其所。在打造校园"硬环境"

的过程中，各类建筑和设施应达到美感教育的标准和功能丰富化的要求，如校园建筑，包括教学楼、图书馆、宿舍楼、体育馆等，作为学生学习和生活的重要场所，应具备实用与艺术的双重功能，愉悦学生的身心，使学生在不知不觉中受到影响和启迪。同样，校园景观建设也应达到使用与观赏功能的统一。校园的园、林、水、路、石等人文景观有助于陶冶学生情操，塑造学生美好心灵，激发学生进取精神，促进学生身心健康发展。学生在优美的校园环境中成长，有助于激发其爱校热情，有利于教育管理工作的实施。

第二，重视校园"软环境"建设。"软环境"是相对"硬环境"的一个概念，也是一种精神环境，主要包括校园内的人际氛围、舆论氛围等。人际氛围主要指校园内的各类人际关系，包括教师与学生、学生与学生、教师与教师、领导与教师之间多层次的人际关系。每个人都不是孤立存在的个体，高校学生所有的学习和娱乐活动都是在与人交往的过程中实现的，大学是个小社会，社会交往是大学生社会化的根本途径。学生通过社交建立起相对稳定的人际关系，人际关系网对学生的一言一行和身心发展影响重大。和谐的人际关系有利于维护校园秩序，使学生形成正确的是非观念。因此，教师在学生人际关系形成的过程中应发挥主导作用，避免学生发生孤僻、嫉妒、自卑等社会交往问题，正确引导学生坚持平等、相容、理解、信用等交往原则，远离习惯不良、思想扭曲的人，选择道德高尚、心地善良、积极进取的人交往。此外，教师作为学生间的裁判员，应坚持公开、公平、公正的原则化解学生间的矛盾，解除学生间的误会，做到不偏私、不歧视、不主观。

2. 加强校园精神文化建设，营造和谐育人氛围

第一，重视传统教育。要"深入挖掘中华优秀传统文化蕴含的思想观念、人文精神、道德规范，结合时代要求继承创新，让中华文化展现出永久魅力和时代风采"。可见，传统文化对于公民形成正确的价值理念、行为规范、理想信念尤为重要。中华优秀传统文化是中华民族的根基和血脉，也是大学生身心成长的指路明灯。高校教育工作者要坚持"取其精华，弃其糟粕""传承与创新相结合"等原则，通过各类教学和文化活动，如实践教学、演讲比赛、征文

大赛、文艺汇演等活动形式，传播优秀的传统文化，其中包括天人合一的和谐精神、自强不息的进取精神等。同时，深刻挖掘学校的文化底蕴和历史传统，讲清楚学校的历史和文化，使学生感受到学校的魅力所在，从而激发学生的自尊心、自信心以及爱国、爱校情怀。教育管理工作者只有本着与时俱进的原则，融入先进的教育理念，方能不断深化校园精神文化。在优秀传统文化熏陶下的学生，更易于塑造健全的人格、培养高尚的品格，这与学生管理工作的目标相一致。

第二，加强校风建设。校风即学校的风气，是一所学校鲜明的个性特征，它体现在全体师生的精神风貌上。校风是一个多层次、多要素的动态系统结构，涵盖教风、学风、作风、班风、舍风等各类校园风气。良好的校风有利于学生思想品德、道德情操、行为习惯的形成。因此，校风建设是育人的关键环节。教师是人类心灵的工程师，加强师德建设、提高教师的业务素质有利于形成良好的教风。良好的教风对学生汲取知识、培养能力意义重大。班级是学生获取知识和提高素养的主要场所。和谐、向上的班集体对学生的学习兴趣、道德品质、行为习惯和良好学风的形成有着促进作用。为加强班风建设，首先要对班级日常管理进行严格要求，用制度来约束学生言行；其次要营造浓厚的学习氛围，通过互帮互助、嘉奖优秀等方式激发学生的学习动力，培养学生良好的学习习惯，使每个学生都能成为群体的典范。此外，宿舍是学生生活起居的唯一场所。良好的舍风有利于学生养成好的生活习惯，如早起早睡、勤奋上进、锻炼身体、读书看报等。好的生活习惯对于学生进入社会、成家立业有着长远、深刻的影响。为加强舍风建设，需要严格宿舍制度，对于不遵守宿舍制度的学生加以管教和约束。还要发挥学生干部和学生党员的榜样作用，带动普通学生养成健康的生活习惯。

3. 加强校园制度文化建设，建立完善规章体系

第一，完善规章制度体系。校园规章制度是全体师生共同遵守的行为准则。对于学生来说，规章制度犹如一面镜子，时刻提醒学生正其冠、端其行，避免违反纪律、误入歧途；对于学校来说，规章制度是学校文明的标志，学校

力求在育人实践中加强"制度化、科学化、规范化"的管理，努力使各项工作有章可循。严格的规章制度能保证教学工作的顺利推进，是学生成才的重要保证。因此，建立和完善科学的规章制度体系尤为重要。随着高校教育改革的不断推进，高校的制度建设也应朝人性化、科学化的方向发展，尊重学生的人格，倾听学生的诉求，使师生关系更加和谐，教育管理工作更容易开展。同时，规章制度的制定应具备科学性、合理性、可操作性等特点。缺陷重重的规章制度不能起到约束、教育的作用，会影响校园文化的整体建设。规章制度自身的完善是规章进入执行程序的前提，是教育管理工作顺利推进的保障。

第二，提高规章制度执行力。教育管理工作以学校各项规章制度为依据，规章制度的执行力影响着教育管理工作的成败。科学的规章制度是学校各项工作开展的保障，但若有令不行，有章不循，有错不罚，则再好的规章制度也是纸上谈兵。所以，提高规章制度的执行力是保障各项制度落到实处的根本途径。教育管理工作者在执行规章制度的过程中应做到事前防范、事中控制、事后监督。事前防范，可以防止违纪行为的发生，并降低管理成本，减少管理压力；事中控制，可以保证制度的严肃性，使制度在公平、公正的原则下运行，防止事态偏离正常轨道；事后监督，对制度执行者和制度执行情况进行考核，可以不断完善制度体系，使制度更加科学、合理。除此之外，应不断加强学生的思想政治教育工作，使学生认识到遵纪守法的重要性和违法乱纪应付出的沉重代价，积极号召学生自觉遵守规章制度，做到自尊、自爱，使每一个学生都能成为遵纪守法、道德高尚、素质优良的时代典范。

# 第四节　体制建设层面模式的创新

## 一、加强法制化建设

### （一）高校教育管理工作法制化建设的必要性

高校教育管理工作法制化建设的推进，是当前构建和谐社会的重要内容，是促进高校学生健康全面发展的重要途径。

（1）是完善高校法制教育体系的重要措施。法制是社会生活的重要组成，是学生接触社会、进入社会过程中必然要接触到的社会内容。但是，从当前高校的教育现状来看，法制教育并没有引起高校的重视，这就直接或间接地造成当代大学生的法盲现象。因此，高校教育管理工作法制化建设的推进，能最大限度弥补高校法制教育的空白和漏洞，为学生的健康成长保驾护航。

（2）是促进学生全面发展的重要内容。在法制社会里，法制是单位人生存及发展的必备基础。高校教育管理工作法制化建设的推进，能为学生打开另一扇窗户，让学生从法制的角度去看待这一社会及社会运行的本质，在帮助学生成为全能型人才的同时，促进学生人生观、价值观及世界观的全面发展，帮助他们顺利地走进社会。

（3）实施法制化管理是学校进行管理体制变更的内在要求。随着社会经济体制的不断发展和变更，高校已经从传统计划体制下的单纯的公益性事业单位演变成了公益性和产业性相结合的教育实体。当前的高校作为一种独立的事业性法人，它享有办学的自主权利。学生也享有自主选择自己喜欢的院校以及自己喜好的专业的权利。高校和学生之间的活动受到国家法律的保护，双方根据自身的意愿来进行约定，这就是人们常说的合同调整。学校要为学生提供对应的学习条件和服务，让学生顺利地完成学业；同时，学生也需要遵守学校制定的相关制度。如果学生刻意违反学校所制定的规章制度，学校有权利对学生实施相应的处罚。随着高校内部管理体系不断完善，高校后勤社会化的脚步不断加快，学校不再根据其作为管理者的态度去管理学生，而是根据所制定的规范化标准，即和学生之间所达成的约定去对学生实施管理。社会化的后勤体系主要表现为开放式的管理模式，要想让大学生适应学校后勤服务的社会化管理，实现学校的最终教育目标以及学校管理模式和社会发展形势相适应，就必须对学生的管理实施法制化。

（4）高校办学方向的自我要求。高等院校作为社会一个不可或缺的组成部分，其科学、文化的传播能够直接影响我国的法制化建设。同时，在我国社会主义法制化建设方针的指导下，我国的全体公民必须具备一定的法律意识和相关的法律知识。而高等院校是人才培养的重要基地，大学生的法律意识以及法制观念对于我国社会的发展和国家事业有着一定的影响。大学生是一个有文化、有素质的群体，在言行举止各个方面都能够对社会产生影响和示范的作用。提升大学生法律意识，加强大学生的法制教育，让大学生在法制的影响下规范自身的学习和生活，提升大学生素质，让大学生逐步形成遵纪守法的意识和习惯，能对我国社会的法制化进程起到一定的推动作用。因此，想要建立一个社会主义法制化国家，加强全社会公民的法律意识和法律素质，实行高校教育管理工作的法制化是非常必要的。

### （二）高校教育管理工作法制化建设推进的具体措施

高校教育管理工作法制化建设的推进，其主要目的在于营造一个良好的法制氛围，将法制理念植入学生的思想，在促进学生全面健康发展的同时，为社会经济建设做出力所能及的贡献。可以从以下几个方面采取措施，推动法制化建设。

1. 制定完善的法律监督管理制度

高等院校在教育管理方面有很多权利，这些权利具有一定的意志性以及单方强制性。长期以来，我国在法制建设上还存在一定的不足，对于高校的教育管理工作也缺乏司法审查，很多在校大学生的合法权益得不到维护。从我国法律法规的角度来说，与学生相关的人身权利行为在实质上并没有得到明确的授权，这导致很多权利缺乏司法程序的保护。所以，要制定一个完善的高校教育法律体系，依法规范高校管理工作，以促使司法程序充分地贯彻到高校教育管理工作过程中，通过法律的途径使高等院校和学生的权利平衡得到保障，保护大学生的合法权益。

2. 开展专题教育讲座，传播法制理念

高校教育管理工作的法制化建设，首先应对学生的法制理念进行培养。在众多法制化教育手段中，专题教育讲座是较为有效的一种。可以邀请一些较为著名的讲师就大学生感兴趣的某一内容进行教育和引导。比如，大学生恋爱是常事，当感情趋于成熟的时候，男女双方可能会选择同居。就我国的实际情况来看，社会民众对同居这一概念较为敏感，甚至觉得羞于说出口，同居部分的法律也是较为欠缺的。在对这一专题进行法制教育渗透的过程中，可以借鉴一些国外的法律经验，让学生对同居能有一个正确的法律概念，以便在今后遇到类似问题的时候能做出正确的选择与判断。在开展专题法制教育讲座的过程中，一定要注意以下问题：其一是专题与大学生的兴趣倾向应保持一致；其二是一定要与学生进行互动。

3. 提升高校教育管理工作队伍素质

在高校教育管理工作中，一个高水平、高素质的管理队伍能够有效地提升教育管理工作的效率。当前，我国高校中一些思想教育工作者在工作中的地位和行使的权利相对来说有所降低，这导致很多思想教育工作者在心理上存在一定的波动。对于这一问题，高校可以在思想教育工作者中挑选一些理论知识相对扎实，而且具有一定工作热情的人员，对其进行法学理论的相关培训，让这些思想工作者掌握法律专业知识，并鼓励其考取相关的证书和更高层次的执业资格，将这些掌握法律专业知识的思想工作者作为教育管理工作的中坚力量。也可以在校外聘请一些专职的法律相关工作者，组建成一个大学生法律救助的组织，与一些司法单位建立长期稳定的合作关系，共同受理申诉的各类案件。

4. 建立正规的管理程序

实现法制化的重点，在于管理的具体程序。如果实现了管理程序的法制化，就等于实现了管理行为的法制化。在校学生如果违反了学校的相关规定，在对学生进行处分前，需要第一时间通知学生，以此来保证学生的知情权，使学生的合法权益不会受到侵犯。学校还要设立听证制度，对学生的知情权进行进一步的保护。学校应建立相应的申诉体系，让学生拥有为自己辩护的权利，并设立有效的司法救济体制，对学生的合法权益实施最大化的保护。

5. 充分利用"校地联动共学共育"环境，营造法制化氛围

加强和推进大学生法制教育，仅仅局限在校园内是不可行的。只有让学生与社会实际进行接触，学生所掌握的法律知识及形成的法律理念才能派上用

场，否则就是纸上谈兵。结合"校地联动共学共育"实践活动的背景来看，校园作为根本的基地，承载着这一实践活动的资源需求，同时也为大学生法制教育工作的开展提供了实践的平台和渠道。因此，就大学生法制教育工作的推进来说，还应充分利用"校地联动共学共育"这一实践活动背景，走入社会，让大学生的法律意识成为立体的东西。

6. 坚持平等，服务学生

高校应有平等、履行义务的意识，满足学生的合理要求。对高校内的一些不良风气，管理者应认真分析，依靠思想教育等多种手段加以改变。对教学不重视，对后勤服务关注不力的情况，高校应尽力改变，这是履行国家交给学校的义务，也是高校履行对学生的"服务"。

总而言之，就高校教育管理工作的法制化建设来说，教师应起好模范带头的作用，为学生法制化理念的形成奠定基础和条件。同时，教师还应与学生进行良好的沟通，随时解答学生的法制疑惑，为学生在法制环境下健康成长做出努力。

## 二、健全管理机制

新时期我国当前的高校教育管理模式缺乏创新，相应的规章制度不够健全。应顺应新时期大学生的特点，创新管理模式，建立健全管理机制，在加强教育管理队伍建设和相关的规章制度建设等方面，有针对性地提出对高校教育管理工作可供操作的对策和建议。

高等教育从规模发展转变到稳定规模、提高质量的内涵发展的道路上，学生发生了很大变化，尤其是新一代大学生的入学带来新的挑战，学生工作如果还固守原来的管理理念必然会带来许多的问题。从科学发展观来看核心是以人为本，对于高校而言就是要以学生为本，而现在还有不少学校教育管理主要是命令式的，学生管理者具有绝对的权威；管理理念应注重过程，而至今仍有很多高校是以"结果管理"为目标的教育管理理念。规章管理制度没有及时更新，跟不上新一代大学生的要求，有很多方面没有相应的规范制度。所以，要加强新时期高校的教育管理机制，应从以下两大方面着手。

## （一）建成科学的教育管理机制，强化管理队伍建设

解放思想，更新观念，建立"以学生为本"的科学管理机制。人是教育的基础，也是教育的根本。一切教育必须以人为本，这是现代教育的基本价值。所以，高校应树立以学生为本的教育管理核心理念。要实现以学生为本的教育管理核心理念，就要尊重青年学生，尊重他们的人格，尊重他们的个性，尊重他们的基本权利和责任。管理是引导，不是去左右；管理是影响，不是去支配；管理是感染，不是去教训；管理是解放，不是去控制。以学生为本，是对学生人性的唤醒和尊重。真正的管理是以学生为本的管理，让学生体验学校生活的美好，体验学习成功的快乐，体验同学间友谊的纯洁，通过各种教育活动培养他们积极的人生态度、鲜明的价值判断、丰富的思想体系。教育管理要高度关注学生的自由、幸福、尊严和终极价值，用全面发展的视野培养全面发展的人。教育管理要体现人文关怀和道德情感。无论现代管理手段多么先进，都不能否定面对面的教育工作；无论现代传媒多么发达，都不能代替人与人之间的感情交流融合；无论各项制度多么完善，都不能忽视人文关怀和道德情感。现代管理要用真理的力量、人格的力量、道德的力量、情感的力量，将外在规范要求内化为思想品格。教育管理工作要认同学生在学校的主体地位，了解他们，尊重他们，为他们服务。准确把握学生的思想脉搏，不仅要掌握学生的群体特点，还要关注学生的个性特征。不仅要把他们看作教育管理关系中的权利主体，还要把他们看作能动的、有创造力的行为主体，真诚关爱青年学生健康成长，坚持解决思想问题和解决实际问题相结合，从青年发展需求出发，把职业发展、心理健康、帮困育人作为人生指导的重要内容，把教育着力点从消极防范和控制转向积极引导和真诚服务上来。改变传统教育管理者高高在上的姿态，从以教师为中心的模式转变为以学生为中心，充分肯定学生的优点，给予学生相对自由的空间，发挥其自主性和创造性。

以往的教育管理主要是命令式的，教育管理者具有绝对的权威，而现阶段的大学生具有强烈的参与意识，喜欢竞争且个性独立，他们希望被尊重，不喜

欢被强迫接受某种观点和理论。根据这些特点，应该提倡学生的自我管理、自我教育，教育管理者应担当指导者的角色，引导学习和工作的方向，并且在过程中给予提示和警告。加强教育管理队伍建设，高素质的教育管理人员是教育管理工作的重要保证，也是教育管理工作是否顺利有序进行的关键。在加强教育管理工作方面，要严格要求教育管理者按照规章制度执行工作职责，建立完善的工作监督体系；还要在工作、生活上关心他们，充分调动其工作积极性；同时要大力加强教育管理者的培训和学习，经常安排他们参加各种业务培训活动，提高业务水平。

### （二）规范管理，遵循规章制度

规范规章制度，制定程序是关键。目前，高校的规章制度一般都是由有关职能部门负责起草，法制工作部门负责审查，经校长（院长）办公会议审议通过后，由学校公布施行。因此，规范规章制度的制定程序涉及起草、审查、审议与决定以及公布等诸多环节。

首先，起草工作最具基础性，对于保证规章制度草案的质量有着决定性的作用。在起草工作开始前，起草部门应当对拟起草的规章制度进行必要性和可行性论证，学校也应按期编制计划。只有经过深入调研，论证充分，各方面条件都比较成熟的规章制度项目，经批准并列入计划后，才能开始起草工作。立项程序的设置，对于事先发现问题并解决问题具有重要意义。

其次，在审议和决定阶段，必须明确规章制度草案须经校长（院长）办公会议按照规定的程序进行审议。经审议通过的规章制度，必须在全校范围内公布。同时，还应当允许教职员工和学生查阅、复制或者摘抄已经公布施行的规章制度，并且建立相应的权利保障机制。

最后，对规章制度的解释和适用进行规范，是规章制度实施的保障。严格地讲，规章制度的解释应当遵循"谁制定，谁解释"的原则，即由制定主体——高校负责解释。有关职能部门虽然负责了起草工作，但却不是该规章制度的制定主体，不享有解释权。以往，高校的规章制度大都规定由起草部门负责解释，这是不规范的。因此，规章制度，特别是需要对新情况明确适用依据和做补充规定时，应当由学校负责解释。当然，在行政工作中具体应用规章制度的问题，一般仍由有关职能部门研究处理。

规章制度建设工作是一项系统工程。新时期，我们的首要任务是在立项、起草、审查、决定与公布、适用与解释等各个环节都及时地建立起相应的制度性规范。其中，重点应集中在建立重大事务和涉及教职工切身利益事项的议事、决策与监督程序，以及逐步建立健全学生纪律处分程序和学生申诉机制，以创造体现法治精神的育人环境。

从学校的实际、学生的实际出发，把教育管理的内容和要求体现在管理的各项制度中，使学生在日常的学习和生活中受到潜移默化的教育。同时，根据不断变化的新形势，及时调整和完善相应的管理制度，做到与时俱进。在具体的管理工作中，认真执行规章制度，告诉学生可以做什么，不能做什么，让学生懂得怎样为人处世，在校园内营造良好的学习、实践、创新的氛围；将解决学生的实际问题放在首位，在管理工作中，学生不论在学习还是生活中出现的问题能够积极有效地解决，通过问题的解决使学生对教育管理工作产生信任感，愿意积极配合教育管理工作，同时还能够促进教育管理工作的发展和进步。跟随时代变化，及时更新换代各种规章制度，规范管理，使高校的管理更加贴切和符合新一代大学生的要求。

## 三、提升信息化管理水平

### （一）高校教育管理信息化建设的必要性

高校教育管理的信息化建设是高校教育管理进步的内在要求，信息化平台的建设也为高校教育管理工作提供了具体的服务内容。目前高校教育管理系统的开发，多是针对高校的整体管理，涵盖了学校的科研管理、财务管理、网站管理、图书馆管理等内容，其中对于教育管理的重视程度不足，以至于高校教育管理信息化程度较为落后。除了教学管理工作外，教育管理工作也是高校管理的一项重要的工作。

1. 提高高校管理工作的效率和管理水平

高校作为国家教育的重要主体，关系到国家教育水平的发展和社会进步。高校的教育目标是为国家输送大量高素质人才，为国家建设提供人才输出。高校学生的教育工作，不但是专业知识和技能的培训，还包括大学生心理健康发展以及综合素质的提升。高校学生辅导员是学生日常事务和学习生活的辅导者和管理者，对于学生的发展和成长起着关键的作用。越来越多的日常事务和学习管理工作，都能够通过信息技术和网络技术实现，信息化建设已然成为教育管理工作的一个有效途径。

高校教育管理工作的开展，是学校其他工作开展的基础和核心，也是其他学生工作有序开展的前提。利用网络技术等信息化技术，实现高校教育管理的信息化建设，是提高教育管理工作效率和水平的一个有效手段。利用信息化技术的综合处理特性，对学生的各类信息进行高效的处理，处理的结果也可以通过网络平台更快更直观地表达出来，信息的处理结果可以在互联网上供师生及时地查看，学生信息得到了更加高效而准确的处理，降低了教育管理工作中很多繁复工作的难度，管理者也有更多时间致力于其他方面的管理。工作效率的提高，让教育管理工作安排更加合理，避免教育管理工作中心偏移，更好地协调教育管理的各项工作。

2. 优化高校教育管理流程

高校教育管理工作环节复杂，涉及大量的事务性工作，如学生信息更新、学生奖学金、学生评优、学生选课等，这些工作往往是先由院系等学生工作处进行处理，然后再汇总到学校学生处。这样的工作流程环节多，管理层级也比较复杂，由上而下的管理模式更容易出现疏漏，效率也比较低。信息化管理平台很好地优化了这种复杂的管理模式，简化了整个教育管理工作流程，让学校的有关职能部门、院系和学生三者之间有更好的管理平台，学生信息的接收、处理和汇总也有更加便捷的流程。除此之外，在网络模式下，教育管理工作还摆脱了一定的空间束缚，教育管理工作可以在网络中完成而不需要到相关部门进行实际操作，让教育管理工作更加灵活。针对我国高校教育管理人数众多，管理结构复杂的现状，信息化建设能够更好地协调学校各部门之间的工作，对优化学校管理流程有很强的现实意义。

### （二）高校教育管理信息化建设模式

推动高校教育管理信息化建设，关键就在于对教育管理工作的相关信息进行采集和处理，将这些信息按照一定的信息处理规范，建立学生信息管理数据中心，采用一系列计算机技术开发教育管理工作的业务系统，实现对学生信息的管理，并在网络平台上实现多部门的学生信息管理服务，为学生提供一体化的信息服务。学生通过信息化管理模式能够更快更准确地获得信息，学校也能通过信息化管理平台更加高效地处理学生信息，整体提高了高校的管理水平。构建高效教育管理信息化模式，主要有以下几个方面。

1. 制定严格的信息标准

高校教育管理工作的信息化建设涉及大量的学生信息，所以高校教育管理信息化标准要具备一定的适用范围，能够涵盖教育管理相关的信息。在此基础上，其他的管理业务才能够利用这些信息完成具体的功能。

2. 建立统一的管理数据共享处理平台

高校信息化教育管理系统需要在校园内部建立一个信息共享的平台，教育管理的相关信息在网络中传输交换，利用网络高速的特点提高信息传输和处理的速度，这就需要一个综合性的信息交互平台，将学校的各个职能部门和院系联系起来，能够收集并处理需要管理的学生信息，在学校中建立一个自封闭的管理信息平台。管理信息的共享平台，要能够协调应用中不同的数据结构，如Oracle、SQL、MySQL等共享和集成的问题，从而更好地解决学校管理信息的孤岛问题，让各种管理相关信息都能够在管理系统中有序地高效地流通起来，这也是管理工作效率提高的关键。管理平台对于数据的转换，提供非编程数据转换功能，让管理信息在所有的管理部门都能够进行处理，并对这些处理进行记录和监控，在全网建成一个健康的安全的信息共享平台。

3. 主题数据库与功能数据库

主题数据库是集约化的数据库，具备很强的共享功能，整个数据库系统中的数据都是集约化和共享化的，有利于管理系统信息交流和处理，避免了过多的信息转换和交流障碍。主题数据库模型是由底层数据标准数据库、数据交换平台和业务数据库构成的。底层主题数据库是符合统一数据标准的主数据库，作为所有管理信息的总集合。数据交换平台将来自不同业务数据的数据统一化交换，不管是主数据到功能数据库，还是功能数据库回传数据到主数据库，都需要经过数据交换平台，为整个系统内容的信息交流提供一个通道。业务数据库也可以称作功能数据库，具有不同的功能，如教务数据库、招生信息数据库、财务数据库和毕业生数据库等，这些数据库中的内容属于不同的管理职能，通过数据交换平台就可以将这些功能联系起来，协同完成特定信息的管理。

4. 基于数据库的业务系统

有了完备的数据库系统和数据交换平台，要实现具体的业务功能，就要在数据库系统的基础上，按照数据标准开发相关的管理业务功能，将学生信息从招生阶段、入学阶段、在校阶段、毕业阶段等联系成"一站式"管理服务模式，详细记录学生的各项信息，用电子档案的形式，不同阶段交由不同业务功能进行处理。

# 第五章 高校教师教学能力发展的影响因素与发展途径

## 第一节 高校教师教学能力发展影响因素分析

### 一、影响高校青年教师教学能力发展的内部因素

#### （一）择业心态与教学热情

教师是教育者，而且是某种专业的教育者。教师和非专业教育者如父母、长者等的根本区别在于其具有这样一种社会的职业身份和职责。职业作为一种社会历史现象，是社会发展到一定历史阶段才出现的，与社会分工和劳动分工相联系。职业对于个人来说，是指个人在社会中所从事的作为生活来源与幸福所在的工作。教师职业是指人们终身或较长时期所从事的，并以此为主要生活资料来源的教育、教学事务，而教师便是从事这样一种职业的人。

教师是学校生存与发展的主体，学校的办学水平与教育质量的高低，社会声誉与社会地位的高低，其影响因素很多，而师资队伍的质量包括教师群体的学术水平、教学能力和师德是最主要的因素，可以说，师资队伍建设，是学校建设与发展的应有之义。从某种程度上说，高校青年教师已不是在靠"理念"和"学术"吃饭。学术不再是寻求普遍意义的手段，而成为被量化的产品与绩效，与教师的晋升和收入等现实利益直接相关。高校青年教师应该认识到，当他们认真地为某个教学情境做计划时，将体验到这种计划是一种选择和一种任务，一旦他们处在实际的情境中时它就牵制他们去完成计划。这也许可以解释为什么一项计划好的课程，我们当天再次讲授时有时会感觉到变得比我们刚讲

授的课程要乏味和没有生气。因为教学是一门实践性很强的活动，既要有深厚的学科专业知识，也要具备转化和传授这些知识的热情和技能，即如何教学的知识。对人的热情，对知识的热情，对探究未知的热情应成为高校青年的最主要的品质之一。

随着我国教育教学改革的不断深入，当代学生逐渐从狭隘的应试教育中解放出来，基础素质越来越高，知识面也越来越广，这一方面要求高校青年教师必须具备深厚的科学文化知识储备，紧跟学科发展的趋势和前沿，另一方面要求高校青年教师必须具备科学的教学热情、技能和方法，使学生能够有效掌握知识、理解知识、运用知识。高校青年教师大都具有硕士、博士学历，但不少人在"教什么""如何教"的过程中缺乏澎湃的教学热情，这严重影响知识传授效果和教学质量提高。有求知的渴望，心灵就会有所作为；没有求知的渴望，即使给他塞满了知识，到头来也几乎毫无所得。高校青年教师在日常教学过程中，所要做的就是要以自己的教学热情来激活学生们对未知领域的渴望和探索。

### （二）教师道德与责任心

"道德成熟的人"应具备的六种品性或特征。这个"道德成熟的人"会习惯性地、非常自然地表现出：一是尊重人类的尊严；二是关心他人的福利；三是使个人兴趣与社会责任相统一；四是表现出正直；五是对自己的道德选择不断反省；六是寻求和平解决冲突的方式。这对于我们思考高校青年教师的师德和责任心有重要的参考价值。

教育教学是实践性很强的事业。现代教育教学的艰巨性、多变性，以及学生发展的全面性、多元化，都对高校青年教师洞悉复杂局势、把握复杂局面、应对复杂挑战的智慧品质和智慧水平提出了更高的要求。高校青年教师要有广博的知识视野、深厚的学术素养，要有理论和思辨能力，但并不能取代教师道德的完善和责任心的培育。高校青年教师必须按照教育的真实意义去履行自己的职责和使命，这表示他或她必须明白自己心智的运作，确实在师德与责任心方面倾其所有，确实看到自己在各种关系中的映照。师德与责任心是智慧的开端，在其中藏古含真，既与宇宙运行法则相一致，又包含了人性的所有挣扎。尽管时至今日，高校青年教师不可能再是"传道、授业、解惑"的先师圣人、智慧化身和权威象征，其作用正在遭到否定或失去以往效用，无所不知的百科全书式的知识传授者似乎难以诞生；现在，学生可从互联网上，特别是移动互联网上得到丰富多彩的信息知识，大数据、云计算、移动互联网的风起云涌致使学校的教育价值、教师课堂教学的知识魅力正在迅速下降；但教师道德与责任心的问题依旧是一个值得深入探讨和研究的问题。教师道德的主要特征是自觉性，即教师所表现出的自觉自为的道德精神。而师德的中心问题或根本要求即教师的敬业精神。教师既是学生的年长的同志，又是他们的导师，无论对集体或者对每一个个别的学生，都时刻不要放松自己肩负的指导的责任——这一点应当做到的，虽然做起来相当困难。平常很容易从一个极端走到另一个极端：要么把学生管束得几乎每走一步路都得听教师的指示；要么放任自流，一切都顺着学生的意思去做。这是因为，纵观古今中外教师生命的全过程，可以用"自立立人，自达达人，自强强人"这12个字来概括。也就是说，任何教师客观上都要走这条共同的为师之道。但作为教师的每一个人，从思想到行为，其为师之道有自为与自在的根本区别。教师的职业道德修养和主体呈现，都要求教师从自在的状态转化到自觉自为的状态，以便自觉地自立、自达、自强，从而更有效地立人、达人、强人，即为国家、社会培养人才，或培养出更多的人才来强大国家、造福社会。

（三）知识结构与转化能力

在社会的所有机构中，教育是唯一具有潜力的从根本上有可能达到这一目标的机构。然而，教育完全不是教育人民用基本的方法对待变革的温室，而恰恰相反，为打破这种僵局，教育工作者必须把他们自己看作，也被别人看作是变革动力的专家。为了成为变革动力的专家，教育工作者——行政人员和教师也是这样，必须成为熟练的变革力量。如果他们真的成为具有道德的目标的熟练的变革力量，教育工作者将使各种背景的学生的一生发生变化，这样做将使社会在对待变革时产生更大的能量。而作为社会变革者的教师，其知识结构与转化能力是应有之义。知识结构，是指人所掌握的各种具有内在联系的知识的总体状况。知识，是人类的认识成果，作为人类认识成果的知识，已经形成具有层次性的体系。人的知识结构，则反映了人对人类认识成果所形成的巨大体系的认识和把握情况，反映了一个人所具有的知识总体和已达到的知识水平。因而高校青年教师的知识结构，是其认识世界和变革世界、立德树人和教育教学的基础和条件。有了合理的知识结构，就可以避免教师在知识量上畸轻畸重，甚至残缺不全的偏颇。同时，有了合理的知识结构，头脑中的知识就会像分门别类的图书馆那样井然有序，有助于知识的记忆、提取和再生。这个合理的知识结构主要包括如下一些知识内涵：一是专业知识。高校青年教师一般都负担某一学科或某一专业知识领域的教学工作，掌握这一学科或专业领域的较全面和坚实的知识，是对一个教师的基本要求；二是科学文化基础知识。教师在具有一定专业知识的前提下，还应拥有较广泛的科学文化基础知识，要求有较丰厚的文化素养；三是教育学、心理学知识。教师要做好教学工作，必须了解教育活动的规律和教育过程中学生的心理活动规律，这就必须掌握一定的教育科学知识和心理科学知识。当然，以上三个方面仅仅是一个框架，有了这个框架，还必须进一步在知识的广度和深度上用力，孜孜不倦，日积月累，才能使教师自身的知识不断趋于完善和深化，真正成为一个有丰盈科学文化素养的教师。从实际情况来看，青年教师进入高校后，学校和所在学院对教学工作进行培训和指导，通过集中培训、课堂教学观摩、老教师传帮带、青年教师讲课竞赛等一系列方式，创造更多机会让教师相互学习和交流，帮助新教师提高教学能力，过好教学关。青年教师在学习实践过程中，要能够对自己的教育思想和教学实践不断进行反思，及时跟踪和学习新理念、新思想、新方法、新手段，优化和完善教学过程。面对科学技术发展日新月异、知识爆炸、社会变化加剧的态势，新教师必须具备终身学习的能力，才能更新调整自己的知识结构和素质结构，适应教育改革和时代发展的要求。

## 二、影响高校青年教师教学能力发展的外部因素

高校青年教师是教学活动的主要执行者，其教育教学活动是在学校这个大的客观环境下完成的，这个大环境是由其他与高校青年教师共同参与教育教学活动的人和事组成的，那么，青年教师教学能力的发展必然与之息息相关。其次，将高校青年教师放在学校以外的环境中审视，青年教师作为教育活动领域的主要参与者，要受到与教育相关的政策的约束，以引领、规范其教学行为，这符合国家、社会、个人的发展需求。

高校青年教师是每一所高校的新鲜血液，他们代表着最具生命力的群体和最具潜力的发展群体。无论高校青年教师来源于高校自留途径还是引进途径，他的成长都要经历培养、考核、激励、监督等历程，这个成长过程亦即其教学能力发展的历程。

### （一）培养人才弱化影响青年教师发展

人才，是决定一个国家强盛与否的关键因素。人才强国作为我国社会事业发展的一个战略目标。高校是人才高地，聚集了创新能力强、视野开阔、底蕴深厚的各级各类人才，越是稀缺的人才越是高校争夺的重要战略资源。高校人才资源的优劣、多寡具有十分重要的战略意义，可以毫不隐讳地说，甚至决定着高校的发展前途。于是，在这种大的战略背景下，高校的人才发展战略规划纷纷出台，人才强校战略成为众多高校发展的战略目标，并以各种科研资金、安家费等各种有形的或者优惠政策等无形的承诺来吸引人才为自身服务，其引进的人才多注重冠以各种"学者"称号的稀缺人才或者高级职称人才。特别是在一些开创新的学位点的高校，或者是升格的高校，短期内，将大力度引进各种人才，以满足其需求。这种"急功近利"的做法，带来的负面效应是，往往花大力气在几所高校间争抢的人才，因为引进时间仓促，对其考察或者审核不够，往往达不到高校对其的期待，得不偿失。

就在高校把目光集中于各类"学者""人才"称号的教师身上以期吸引到人才，以实现学校阶段性发展目标，带来更大声誉和影响力的时候，一大批最

需要关注的高校青年教师正在"踽踽独行"。在这些最需要引领的青年教师身上，高校因为教师专业发展制度建设的不完全、因为已经被引进人才占用大部分而所剩不多的资金难以满足培训的需求，使原本就需要关注的青年教师往往出现了外流。更深的影响是，这种引进机制使众多青年教师失去了发展的机遇与希望，会大大降低高校全体青年教师对于学校发展的参与度，从而在另一个方面影响了学校的发展。

### （二）考评教师科研重于教学限制青年教师教学能力发展

我国大部分高校，发展目标定位于教学科研型或者科研型。那么评判这一发展类型的指标必然以科研为主。科学研究，无论工科、理科、艺术等学科，其科研能力的优劣往往体现的载体就是发表论文的数量与级别及引用频次、立项课题的数量及级别、出版专著的数量与级别、发明专利并转化的数量、各类科研成果获奖的级别等指标。学校要成为科研型高校，这些指标就成为教师发展的标尺，标尺达到的刻度就是一个教师发展优劣、高低的评判标准。相反，作为教学这种教师最应该考核的活动，却被越来越多的高校所无视。

### （三）激励机制乏力使青年教师成长受困

"激励"是管理的一种手段，是指激发人们的内在动机，鼓励人们朝着管理者所期望的目标采取行动的过程。"激励机制"是在组织系统中，激励主体系统运用多种激励手段并使之规范化和相对固定化，而与激励客体相互作用、相互制约的结构、方式、关系及演变规律的总和。激励机制是组织将远大理想转化为具体事实的连接手段。

激励机制在高校管理中发挥着极大的作用。特别是好的激励机制，能够使青年教师的创造性和积极性得到更大的调动，从而将教师的个人发展目标与高校发展目标有机结合，推动高校的优质发展。由此可以看出，激励机制的制定是否符合并在一定程度上满足教师的各类需求会直接影响其发展。但是高校的管理者，不尽然都能够将激励机制做到既吻合了激励客体教师的各个层次的需求，又结合激励主体高校整体发展的目标，特别是在高校发展方式由外延式向内涵式发展模式转变的背景下，这就从激励机制建立的源头上产生了偏差。

机制建立，就要实施。但是在高校教师激励机制实施过程中，物质激励比比皆是，各种量化指标皆以物质奖励来兑现。这在人才引进的过程中，更是充分得以体现。这种物质激励为主的机制，对于激励客体在被激励的初期是有一定成效的，但是当个体最基本的物质需求得到一定满足时，其自身更高的需求就会出现，这时候，不够完备的激励机制往往难以满足激励客体更高的需求，从而使激励机制的实施成效大打折扣。另一方面，在激励机制实施的终端，高校管理者作为机制的制定者，根据教师被激励后的状态有针对性地对激励机制进行有效的调节，是整个机制实施的重要一环。回访激励客体，会发现激励机制实施过程中，激励内容更多以对科研奖励为主，而忽略了教学的部分；激励实施时间往往阶段性很强，不具有足够的弹性以在最合适的阶段实现最大的激励效益；激励实施的惯性沿袭了行政性特点，人本管理理念难以体现。

### （四）教学管理成效乏善可陈难以促进青年教师有效发展

教学工作是每一所高校的中心工作，虽然其不胜烦琐，但重要性却不可替代。一所高校，其教学质量如何，将直接关系着高校发展的命运。

高等学校的教学管理一般包括教学计划管理、教学运行管理、教学质量管理与评价，以及学科、专业、课程、教材、实验室、实践教学基地、学风、教学队伍、教学管理制度等教学基本建设的管理。教学计划的管理包括每一个教学阶段详细的教学内容、时限、方式等内容的部署。教学工作的运行则依托校系二级管理，构成学校——学院（系）——教研组三级教学管理体系，每个层级根据学校的教学计划统一安排各自承担教学职能，有序开展教育教学工作。教学质量管理与评价，是整个教学环节的闭路系统，是沟通计划执行、实施效果、反馈实施效果、修正计划的一个重要的互通环节，反馈的效果如何、修正的效果如何都将决定着教学质量的优劣。

高校教学管理要充分实现服务高校发展战略，刚柔并济是其发展的有效路径。"刚"指的是其明确的管理制度和执行能力，"柔"指的是其人性的管理理念。教学管理制度，其核心管理内容是将教师上课的所有流程纳入监督评价范围，定期开展评价监督检查并反馈给教师，形成一个闭路循环的评价机制。

执行教学管理是一个管理制度由制度文本到具体落实的过程，那么执行能力的优劣就是管理制度优劣的直接体现。好的制度，如果没有强有力的执行力，也只是纸上谈兵。执行力的缺失，使教师的上课、听课、评课成为只看完成数量，没有实质性评价的过场，只会使教学管理流于形式。人性管理理念，是指高校教学管理的意识。如何把教师当作一个完整的人来服务，充分考虑到教师的各种层次需求，并积极满足各种需求是教学管理实现优化管理的内核。特别对于青年教师的发展，高校应制订专门的青年教师培养计划，将其发展计划、培养内容、考核指标等管理内容与其他教师发展独立设置，有的放矢地针对青年教师的教学能力的不足开展定向管理，以使其得以更充分地发展。所以，无论是"刚"性的管理制度或执行能力，还是"柔"性的人性管理理念，只有两者有效结合，才能调动起高校教师特别是青年教师的教学积极性，从而提高教学质量，实现高校发展战略目标。

# 第二节　高校教师教学能力发展的途径

高校青年教师教学能力培养应是多方全面参与的过程，至少要由青年教师群体、高校以及政府三方来共同做出努力。首先，青年教师应坚持自主发展，这是青年教师教学能力提升的根本途径。这个过程需要青年教师确立坚定的师德信念并始终坚持，不断提高自主学习能力，而且要在教学实践活动中不断进行教学反思。其次，高校应搭建更科学合理的管理制度框架，给青年教师提供一个提升教学能力的良好平台。在这个过程中，尤其要注重教学与科研管理制度建设、教师培训与提升制度建设以及教师评价与考核制度建设。最后，政府要提供外部政策保障，这是青年教师教学能力提升的重要外部动力。尤其是在完善教师保障体系和加大财政投入方面需要做出更多的努力。

## 一、教师自主发展，青年教师教学能力提升的根本途径

青年教师教学能力的提升需要多方面力量共同参与，但是核心主体就是青年教师这个群体本身。青年教师都是刚从校园走上工作岗位的年轻人，往往有着十分高涨的工作热情，却缺少实际工作经验，在教学实践工作中找不到抓手。所谓新手上路，必先明确方向，青年教师必须要把不断提升自身教学能力作为教师专业发展的重要目标和方向。

### （一）确立坚定的师德信念

高校教师是高等教育的践行者，是立德树人的执行者。高校青年教师是高校教师队伍的新兴力量，应以立德树人为己任，首先就应树立崇高的职业理想和坚定的职业信念。

1. 树立崇高的职业理想

职业理想是高校青年教师职业生涯的长远愿景，树立崇高的职业理想，就会做好科学合理的教师职业生涯规划，同时会生成强烈的社会使命感和社会责任感。教师职业理想需要经过教师的教育教学实践来实现，就需要有过硬的教育教学本领，以及教育科研本领，那么，就会驱使青年教师认真钻研教育教学业务，刻苦学习和探索教育科学理论，努力开展各项教学内容、教学方法和教学手段的改革，在教学活动当中关心和爱护学生。

2. 建立崇高的道德信念

道德信念是高校青年教师必须具备的基本信念。教师职业不同于其他社会分工，在强调教学业务水平的基础之上首先要具备崇高的道德信念，否则，其培养出的学生质量就会让人萌生疑问。道德信念并不能直接用来评价教育水平和教学能力，提升教学能力也不是直接通过建立道德信念的途径来实现的，但是绝不能忽略和轻视其对青年教师教学能力提升的隐性影响。因为只有拥有了崇高的道德信念，高校的青年教师才会根据自己的师德信念，结合国家要求的高等教育目标来树立个人的教育目标，进而做到严于律己，严于育人，才会奉献青春，全心全意、尽职尽责地投入到高校的教育教学活动中。

### 3. 建立行为示范的言行标准

人的言行可以折射出人的内心，内心世界的表达就是通过言行来实现，通过言行来影响周围的人。教师的言行同样反映着教师的内心世界，并通过言行的表达来影响着学生。如果教师言行得体，那么一言一行都会对学生起着表率作用，实现"言传身教"。如果教师言行不恰当，那么一言一行都会对学生产生不良的影响。所以，教师在课内课外都要时刻注意自己的一言一行，这就要求高校青年教师建立起合适的言行标准，以"教书育人"的神圣职责要求自己，给学生树立好的榜样。

### （二）提高自主学习能力

高校青年教师要不断提高自主学习能力，这是提升教学水平的根本途径。对青年教师而言，有崇高的教育理想和先进的教育理念是完成教学任务的前提，能灵活合理运用教学手段与方法是基本路径，而掌握先进和前沿的专业学科知识以及教育理论知识则是高质量完成教学任务的根本保证。这些内容都需要青年教师不断进行自主学习，提高自主学习能力，这已经成为青年教师开展教育教学工作的一项必然要求。青年教师只有通过对本专业领域前沿知识的不断学习、积累，才能在教学过程中把前沿知识传授给学生。

### 1. 提高业务知识的学习能力

我国进入高等教育大众化以来，高等教育规模迅速扩张，大量高素质的年轻人进入了高校教师队伍，成为高校青年教师。这些青年教师一般都具有硕士及以上学历，专业基础系统扎实，工作热情高，学习能力强，甚至还有很多青年教师具有海外留学的经历，有着更为广阔的视野。但是，这些教师当中系统接受过教育学专业训练的人不占多数，大量的青年教师由于刚刚接触教育教学工作，对教育教学的基本理论、基本方法、基本手段的掌握不够专业，不够细化。那么，加强这些方面的自主学习也就成为了必然要求。青年教师的思维较活跃，通过加强学习，容易在教学过程中推陈出新，创新教学手段和方法，用全新的教育理念去获得较好的教学效果。

2. 提高专业发展的学习能力

青年教师刚投入到教学工作中，自身教学经验不足是必须经历的过程，这个过程如果不能得到较好的处理，就会使教学内容变得枯燥无味。有的青年教师不擅长人际交流，那么在教学过程中就会缺乏与学生之间的互动，互动不足，又会加剧教学枯燥现象的产生，会在一定程度上影响学生的学习兴趣。另外，由于受到学校教师或教学评价以及老教师的影响，青年教师往往会产生重科研、轻教学的问题。固然，学校在引导教师方面起基础性作用，但是青年教师主动处理科研与教学之间的关系更为关键，如果青年教师不能妥善处理好二者的关系，势必会导致自身教学能力的停滞不前。总之，青年教师要始终坚持提高专业发展的学习能力，并清醒地认识自身的优势和不足，在教学实践中不断进行学习总结，自身教学能力才能逐步得到提高。

## （三）进行教学反思

教学反思是教学能力提升的基础，是教师进行教育教学研究最直接、最有效的切入点，可以克服教师在教学当中的思维惯性，对促进教学能力发展有重要的作用。只有促成教师养成自觉进行教学反思的良好习惯，在教学实践的过程中不断地体会、追问和总结，教师才能逐步摸索出教学的规律，提高教学能力。

1. 拓展教学反思的内容

一般来说，教学反思的内容较多，凡是在教学过程中的点滴都可以进行教学反思，针对青年教师来说，最为重要的是对教育思想和教育实践的评价、反馈与调节，通过教学反思来总结教学过程的成果，寻找教学过程的不足，从而实现教学水平的提高。因此，应该积极拓展教学反思的内容。这里将教学反思归纳为四种主要方式：

一是写反思日记。反思日记是青年教师进行个人教学反思最简单实用的方式。教师将自己的教学手段、方法进行梳理，观察学生针对教学过程表现出来的各种反应，可以对自己的教学水平做出最直接的评判。

二是观摩教学。高校应该给青年教师提供更多观摩教学机会。观摩教育可以为教师提供一种良好的反思环境，促使青年教师在成熟教师和骨干教师的课堂上汲取营养，能自在地学习教学方法及手段、在观摩教学后与其他青年教师分享与反思观摩教学经验，为提高自身教学水平提供理论和实践参考。

三是讨论教学。讨论教学的实质是将个体教师的自我教学反思转换为教师群体的集体教学反思，通过开展讨论教学活动，将个体思辨性的反思活动延伸为整个教师集体的反思实践，将其制度化，更可以将其转化为教师自我培养的一股重要内部力量。

四是开展行动研究。这也是一个学习型组织的重要特征，在不同的高校教师群体中开展教育教学反思，可以设定具有不同侧重点的引导指向，引导青年教师反思教学过程，甚至是职业生涯，有目地改进教学策略和职业发展策略，进而促进教学水平的提高。

2. 教学反思应保证其连续性

首先，刚进入高校投入人才培养工作的青年教师还处在一个早期职业探索的阶段，对其职业、业务的理解尚未达到成熟水平，此时进行自我反思，也是对早期职业生涯的一种反思，可以分析出自己的教学工作存在哪些不足，并以审视的眼光反观自己的教育理念、教学思想、教学方法，对待教学和学生的态度、表现出来的言行和情感能否达到学校人才培养的基本需求，以寻找和解决问题为抓手，在实践中不断检验和完善自己的教学技能，提高自身的教学水平。青年教师只有持续不断地实践、反思，才能促使教学实践能力不断得到提高。其次，反思是一个持续的工作，不可浅尝辄止，而是需要日积月累，持之以恒。作为青年教师，切忌在取得一定进步之后就开始自满；在使用某种教学方式得到一定效果后，停止对其他方式的尝试；不论学生专业、年级的差异、课程专业的不同，一律采用同一种教学模式，以不变应万变。

## 二、学校制度构建，青年教师教学能力提升的良好平台

教学能力的培养虽然主要是青年教师队伍自身努力的结果，但其也与学校的重视、支持以及所采取的相应措施密不可分。高校所搭建的管理制度框架，

是青年教师提升教学能力的主要平台。青年教师的教学能力主要表现在教学活动中，又通过教学活动逐渐形成和提高，但这并不是青年教师教学能力提升的全部。其他诸如科研能力提升、实训制度与新的评价制度也应是学校制度建设应充分考虑的内容。

## （一）教学与科研管理制度建设

高校的青年教师水平的评价包括了其教学水平和科研水平，两者的组合形成教师的专业发展水平。我们知道，不同的制度安排会导致教师不同的行为。目前来看，大多高校的师资队伍建设都会出现明显偏向科研的倾向，这无疑会导致青年教师过分重视科研而轻视教学现象的出现，势必会影响青年教师在教学方面的精力投入。因此，要改变这种现象，高校应该制定合理的教学与科研管理制度，突出教学工作量的重要性，在教学方面的制度安排上应体现出与科研成就同等重要的地位，并在考核与评价中增强教学评价的分量，正确引导青年教师合理地分配教学、科研的时间和精力。应该规定青年教师教学工作量的计算方式，如教师在固定时间内需要授课的总课时数等，并且要严格执行，把教师必须完成的最低课时数作为其工作任务是否完成的主要测量点，并应通过学生的期中、期末考试成绩，参加各种竞赛的成绩来反映青年教师的教学成绩。

要积极组建教学研究团队，构建教学指导体系，打造过硬的师资队伍。为加强青年教师队伍建设，必须构建有效的青年教师教学指导体系。积极组建教学研究团队，以团队力量为依托提升青年教师教学能力。学校要定期开展以提升教师教学能力为主题的团队活动，充分发挥团队作用，促进教师教学能力的提升。构建青年教师教学能力指导体系，主要分为三个部分：一是教学导师个别指导。学校为青年教师配备一名教学经验丰富的教师担任教学导师，手把手指导；二是教学团队集体指导。采用"一人讲、团队评"的形式，由一位青年教师就所教课程选定章节讲课，教学团队的其他成员评课；三是教学督导跟踪指导。主要是指高校聘请教学水平高的老教授担任教学督导，进入教学课堂，跟踪听课，及时点评，帮助青年教师尽快提升教学能力。另外，要积极促进青年教师在教学方法、教学手段方面的积极创新。

## （二）教师培训与提升制度建设

教师培训是青年教师教学能力提升的基本保障，在培训内容上，要依据教师需求，总结和吸收新的研究成果，更新培训课程教材，并辅以鲜活的教学案例，增强培训效果。应加强教师培训与提升制度的建设，在培训形式上应多元化，针对不同类型的教师的培训需求，采用灵活多样的培训方式。在过去的青年教师队伍建设和使用的过程，许多高校都存在"重使用轻培养甚至不培养的现象"，这就使得部分青年教师变成"为了教学而教学、为了科研而科研"的机器，把青年教师变成了工具。而为了改变或避免此状况，就需要加强教师培训与提升制度建设，搭建青年教师教学能力提升的制度体系。

### 1. 入职前的培训制度

对青年教师进行入职前培训，是提升其教学能力的主要途径和基本保障。这一结论已经成为提升青年教师教学能力方面研究的一个普遍共识。入职前教育主要是指岗前培训，通过入职前培训，可以使新入职的青年教师学习高等教育与实践教学的相关基本理论，对高校教师的职业特点和职业要求进行初步理解，进而逐步内化，提高自身教学水平。另外，教师基本素养要在入职前的教育中逐步形成，这样才能为青年教师在实际工作中更好地履职夯实基础。构建入职前培训体系应包括教育理论培训、学校相关管理制度培训、教育教学技能培训三个方面。然而，我国高校目前的青年教师入职前培训存在培训内容陈旧、培训人员的专业化程度不高、培训的形式单一等问题，这些问题都会造成青年教师入职前培训效果不佳，因此，应该在以下几个方面予以改进。第一，更新和补充旧有的入职前培训内容，甚至是进行彻底的更换，不仅要完善经典的培训内容大纲，更要选择当前最新的教育理论和观点作为主要内容，将已经濒临淘汰的旧观念淘汰出培训内容。同时，应该将高校的校史校情教育和师德教育作为独立的两门培训课程进行专门培训，此种培训内容的选择目的是让青年教师通过培训来了解学校的办学情况和办学目标，自觉形成符合学校底蕴和教风的教育理念。第二，建设青年教师入职前培训的专门化教师队伍。一般来说，青年教师的入职前培训都是由学校的人事部门来组织和发起，并由人事部门负责选择培训人员，通常会聘请一些本学校内的资深教学名师和本领域的教学专家来担任培训教师。但是，如此遴选的教师具有流动性，不能确保其常年坚守入职前培训岗位，不能形成系统的培训内容体系。那么，建设一支青年教师入职前培训的专门化教师队伍就变成了一种长期需求。专门化的培训教师应主要进行教学规律研究，在青年教师的入职前培训中，除了要承担主要的培训工作，还要定期或不定期地组织青年教师进行教学观摩和教学比赛，并要对青年教师入职之后的教学水平发展进行检测，并为青年教师的整个职业生涯提供帮助。第三，改变过去传统的一讲多听的培训方式，去掉那些冗长而又枯燥的陈旧理论课程，把组织小型的教学讨论、命题式的相互点评试讲等形式的活动作为一项创新点来实施，并让主讲教师在青年教师的互动之后给出中肯的评价。总之，要积极推进上述改变，将理论同实践紧密结合，才能让高校的入职前培训真正为青年教师的教学能力提升服务。另外，应特别重视并提倡青年教师的教学技能培训。教学过程是知识转化的过程，知识转化能力很大程度上要受到教学技能的影响，因此应在高校内部设立专门的组织机构，为青年教师教学技能的培训提供平台支持。除了组织大型专项机构培训，还可在青年教师平时的教学工作中，穿插基于加强青年教师专业知识理论和扩大青年教师知识面的小型培训活动。

2. 入职后的培训制度

青年教师要时刻保持自己的知识水平和教学水平处在高位，并要不断充实，持续提高。然而，面对时刻涌现的教育教学的新观念和专业学科的新知识，青年教师虽然能很快接受并加以运用，但是难免会在教学过程中产生知识更替带来的教学不适感。尤其是当原有的知识体系受到新知识、新理念的冲击时，需要青年教师不断地内化吸收。人们在面对新事物和新知识时，往往会有一种指导依赖，希望能从更有经验的专家那里获得经验。青年教师走上教学岗位以后，已经完成了从学生到教师的身份蜕变，虽然有获得指导的强烈渴望，但是靠自己很难实现。而在这种矛盾下，青年教师的入职后培训就会起到很好的作用。从青年教师入职后培训的功能来看，其不但能满足青年教师对知识的需求和渴望，还会在某种程度上解决一些职业困惑，甚至是人生困惑。从精神层面来说，入职后培训应对入职前培训进行延展，帮助青年教师巩固已经形成的教育观，并进行修正和升华，形成终身教育观。从知识层面来说，入职后培训应该更加专业化、多样化，如广泛开展教师技能比赛、教学研讨会、素质拓展训练等。甚至，有条件的高校可以搞"青年教师导师制"，让经验丰富的教师作为青年教师教学能力提升方面的导师，传授经验，指导困惑。然而，有学者对这种带有"现代学徒制"性质的导师制运行实效进行过调查，结果显示导师制对青年教师的帮助并不是很大，这主要和老教师的教学任务繁重以及应付心理有关，其根本原因就在于老教师缺少帮扶青年教师的意识和动力。这就对学校在老教师参与青年教师培训方面出台合适的奖励办法提出了要求。

3. 青年教师的后续培养

高校青年教师的后续培养是提升其教学能力的手段之一。而对于入职一段时间之后，已经历过入职前培训和入职后培训的青年教师，学校应实行一系列激励和保障措施来实施青年教师的后续培养工作，以此来促进和保障教师培训的有效实施。

在青年教师入职过渡完成后，高校应该为青年教师的专业发展与能力提升创造和提供更多的机会。例如，有的高校不仅建立了教师发展资源中心、教师专业发展中心，还会努力为教师提供各项资助和奖励，帮助教师建立教学档案，条件更好一些的高校还会定期邀请校外专家到学校来为青年教师提供专业发展的指导。通过交流活动来发掘青年教师的发展潜力与优势，在分享教学经验的同时，还能接受老教师和领导的评价与指导。这些措施、活动的开展逐渐形成了青年教师职前、职后阶段教学能力培养的一体化体系，对青年教师提高教学能力提升有很大的促进作用。

在高校青年教师职业发展的中期，其教学水平与能力趋于稳定和走向成熟，成为高校教学任务的主要承担者。但在其任教4~8年后会进入教学发展的"高原期"，在这个时期，青年教师的职业倦怠情况可能就会出现，教师教学能力提升幅度不大，教学发展陷入停滞不前的状况。高校应该清楚地认识到，不同的教师出现"高原期"的原因不同，其中共性与差异性同时存在，在进行教师培训的过程中应予以充分考虑。例如，可以在培训内容和方式上涵盖相关的心理培训、新的教育理念的培训等共同的培训，也要有一些小型针对不同群体的差异性培训；在培训方式上，采取教师之间的相互交流和反思、专家的讲座和个体咨询等相结合；在培训时间上，要经常性地举行相关的活动，以帮助青年教师度过教学发展的瓶颈期，走向更加成熟的教学能力稳定期。

# 第六章　高校教师信息化教学能力
## 发展路径

　　高校教师在入职之前，作为学生或其他岗位从业人员，在日常的学习、生活或工作中已经具备了一定的信息技术知识和信息技术应用能力。"高校教师信息化教学能力"是指高校教师入职以后，为了将信息化工具和手段融入教育教学过程中，达到应用信息技术促进学生发展和自身专业发展的目的，在原有的信息化知识和技能的基础上，逐渐构建和发展出来的更高水平的信息化教学能力。一般来说，在职的高校教师信息化教学能力发展主要有参加信息化教学能力培训、开展信息化课程教学实践和参加信息化教学能力竞赛三种路径。

## 第一节　信息化教学能力培训

　　高校教师入职以后，原则上会按照教育主管部门的要求定期接受岗前培训、在职教师信息技术培训和参加定期或不定期的校本培训。

　　信息技术逐渐融入高等教育领域，为高校提升教育教学质量带来了前所未有的机遇。要实现高等教育的信息化变革，高校教师具备较高的教育技术能力和较好的教育技术素养是关键。为了推动教育教学信息化改革，我国教育部启动了"现代远程教育工程实施方案"，其中教师的教育技术培训是重要内容之一；教育部现代远程教育资源建设委员会举办了首次"全国现代远程教育资源建设高级研修班"，开启了高校教师现代教育技术培训的先河。

　　首次培训的对象是承担21世纪网络课程开发项目的高校教师，培训覆盖的范围和人数十分有限。为扩大培训范围，惠及广大的高校教师，教育部高教司决定开始面向全国高校教师开展教师教育技术培训工作，具体培训工作由全国高校教育技术协作委员会组织落实。按区域接纳高校教师参训，目标是完成对全国高校教师的培训，提高高等教育应用教育技术的整体水平，促进教育技术培训体系的建立和完善，以适应信息技术快速发展的需要，满足高校教师不断提高教育技术水平的需求。

全国高校教育技术协作委员会组织制订了培训计划和大纲，编写了培训教材，落实培训工作并开展了培训教师认证工作，指导各高校培训中心组织面向教师的培训、考核和结业，并对培训工作开展调研，及时对培训大纲、培训内容、培训方式等进行调整，并且开通了全国高校教师教育技术培训网站，便于培训教师和学员浏览通知公告，上传网络课程课件、优秀培训案例等。

全国高校教育技术协作委员会还在总结和反思近十年的高校教师教育技术培训实践工作的基础上，结合国内外的经验制定了《国家高校教师教育技术能力指南》，对于提高各高校教师教育技术能力培训的组织、考核和培训质量产生了重要意义，至今仍被很多高校用于指导开展培训工作及用作培训研究的参考文献。

除了参加全国高校教育技术协作委员会举办的专门为提高高校教师教育技术应用能力的培训以外，教育部每年还面向在职教师定期发布《全国高校教师网络培训计划》，通常每年的上半年和下半年各一次，培训由教育部全国高校教师网络培训中心具体落实。培训内容包括高校教学理念、教学经验、教学方法和技术等，开设双一流建设、基层教学组织建设、人才培养模式等培训课程，培训方式有同步集中培训、网络直播培训、在线点播培训和专项培训等四种。这类培训虽然不是专门为提高教师的信息化教学能力而设计的，但是其中涉及信息化教学的模块和课程还是比较丰富的。其培训内容中就列有信息技术与教育教学深度融合、虚拟仿真实验教学等与信息教学有关的培训模块。

在同步集中培训方式中，有精品慕课的建设、应用与服务，线上线下混合课程的建设等培训课程；在网络直播培训中，有基于微软PowerPoint规范高效编制多媒体课件（上、下）、慕课建设及线上线下混合式教学、基于雨课堂和BOPPPS教学模式的混合式金课设计等培训课程；在在线点播培训中，提供了提升教师信息技术能力的培训课程，内容涉及信息时代教育观念与理论、信息技术应用能力提升、数字资源建设能力提升、信息化教学方式和信息化教学管理能力提升等。其中，在面向高等学校新入职及入职三年内的新教师在线点播课程模块中，还有信息化教学技术、信息环境下的教学模式、在线教学资源与学习工具等培训课程；在专项培训中，也有涉及"信息化教学"的培训内容。

利用高校教师暑假时间较长的特点，教育部全国高校教师网络培训中心也组织高校教师开展暑期培训班，旨在提升高校教师的教学能力、业务水平和综合素养，加强高校教师之间的沟通与交流。教育部全国高校教师网络培训中心为高校教师的信息化教学能力发展提供了一个学习平台，各高校师资管理部门可根据本校的师资培养规划鼓励教师选修相关课程；教师个人也可根据自身的专业发展规划，结合个人实际情况有针对性地参加课程培训，在完成必需的在职继续教育学时的同时，提高自身的信息化教学能力和水平。

高校教师接受教育技术培训的另一个重要方式是校本培训。随着高校从专科到研究生招生规模的逐年扩大，专任教师的人数也逐年增加。依托各高校对教师信息化教学能力进行校本培训，将更加符合客观现实，也更加具有针对性。各高校根据信息化校园或智慧校园建设的进程，定期或不定期地对本校教师开展教学平台应用、信息化管理系统应用等专题培训，是切实提高教师信息化教学和管理能力的有效措施，更能体现学以致用、学即能用的效果。

一般来说，各高校都设有专门负责与网络信息建设、培训与应用指导相关的职能部门，随着技术的发展，部门名称也发生着变化，由最初的电教中心，逐渐更名为现代教育技术中心、网络教育技术中心或网络信息中心等。名称的变化反映着教育技术应用的工具、手段、载体的进步，每一次进步意味着提升技术应用水平的校本培训都是不可或缺的。除了工具、平台、系统等硬件、软件设备应用的培训之外，围绕着信息化项目建设、数字化专业和课程资源建设、信息化教学能力竞赛等活动，包括微课制作、慕课设计与建设、信息化教学设计等将信息技术与课程融合的各类培训，也是校本培训的常见内容。因为校本培训是根据各自学校或教师的具体需求而举办的，与政府主管部门或社会培训机构为满足大众化需求而设计的培训课程相比，更加具有针对性、时效性和可操作性，并且学校和教师为此付出的时间成本、经济成本都相对较低。因此，校本培训成为高校教师信息技术培训的重要方式和必不可少的组成部分。

综上所述，提高高校教师信息化教学能力的培训路径和内容是比较丰富的，既有国家层面的培训平台和培训计划，提供由理论到实践的大量培训课程供学员自由选择，也有接地气的校本培训。但是，不得不说明的是，与中小学教师信息技术培训的系统性、正规性和连续性相比，针对高校教师群体的信息技术培训仍有很大的改进和完善空间。

首先，从顶层设计来看，政府主管部门非常重视中小学教师教育技术能力的提升，教育部专门颁布《关于实施全国中小学教师信息技术应用能力提升工程的实施意见》，中小学教师信息技术培训有由教育部组织制定并颁布执行的能力标准，还有依据标准编制的培训大纲、培训教材、培训计划等，全国各地中小学教师按计划实行全员轮训，通过考核获得相应等级证书。其次，从连续性来看，中小学教师信息技术培训从20世纪90年代至今一直不间断地有序开展着，其间根据信息技术的发展不断制定或修订相关文件，推动中小学教师主动适应信息化、人工智能等新技术变革，积极有效开展教育教学。

与之相比，针对高校教师信息化教学能力培训尚缺乏专门的、科学系统的顶层规划和设计，也缺少与时俱进的、由政府部门颁布的高校教师信息化教学能力标准或框架。高校教师信息化教学能力的提升缺少说服力强的指导性文件，难免会形成"自上而下"及"自下而上"不重视的印象，对高校教师系统、科学、全面地提高信息化教学能力是不利的。

# 第二节　信息化课程教学实践

理论与实践结合，可以对实践起到积极的指导作用，实现理论存在的意义，实践是检验、巩固和升华理论的具体行为。因此，高校教师要保持和不断提高自身信息化教学能力，其关键途径就是将信息技术与自己的常规教育教学工作紧密结合起来。具体来说，就是在学科课程教学中深度融合信息技术，应用信息化技术手段改变传统的教学模式，营造信息化的教学环境，为学生提供数字化教学资源。目前，最为常见的信息化教学模式是基于混合式教学理念的翻转课堂教学模式，信息化教学环境和数字化教学资源以大规模在线开放课程（MOOC）建设和微课资源建设为主。高校教师的信息化课程教学实践也主要体现在采取翻转课堂教学模式、建设慕课课程和微课教学资源等方面。

## 一、信息技术融合学科教学

进入21世纪，信息技术渗透到社会生活和经济发展的方方面面，在交通运输、生产建设、购物支付等很多领域取得了重大应用成效，促使社会生活和经济发展产生了颠覆性的变革。尽管信息技术也进入了教育领域，如校园网和多媒体教学设施的普及、信息化教学管理系统的应用等，但其在教育教学领域的应用更多停留在手段、方法的表层，对于促进人才培养质量的提升，尤其是对创新人才的培养方面成效并不明显，离对教育教学发展产生革命性的影响仍有较大距离，为推动教育信息化，充分利用和发挥日新月异的信息技术优势，实现教育教学领域的变革，我国教育部明确提出要"实现信息技术与教育教学的深度融合"，以解决"技术"与"教育教学"两张皮的问题。

要实现信息技术与教育教学的深度融合，就不能只停留在利用信息技术改进教学手段和方法这类浅表性的工作层面，而是要对教育教学系统进行结构性变革。教育教学系统包括"学校教育""家庭教育""社会教育"和"终身教育"等四大组成部分，其中学校教育是整个多元教育系统的核心，而课堂教学结构又是学校教育系统的主要结构。因此，教育教学系统的结构性变革应落实在课堂教学结构的变革上，最终落实在信息技术与学科教学的深度融合上。信息技术与学科教学深度融合是指通过将信息技术有效地融合于各学科的教学过程来营造一种信息化教学环境，实现一种既能充分发挥教师主导作用又能突出体现学生主体地位的、以"自主、探究、合作"为特征的新型教学方式，从而把学生的主动性、积极性、创造性充分地发挥出来，使传统的课堂教学结构发生根本性变革，即由"以教师为中心"的传统教学结构转变为"教师主导——学生主体相结合"的新型教学结构。

要利用信息技术改变传统课堂教学结构，创造信息化教学环境，提高学科教学质量，其关键就是要在学科教学中深度融合信息技术。要实现这一点，首先，要了解课堂教学结构变革的内容。课堂教学结构由教师、学生、教学内容和教学媒体四个部分组成。在传统课堂教学中，教师是课堂的主宰者、知识的灌输者、结果的唯一评价者，学生则是被动的接受者。教学内容是标准化的、统一使用的教材，教学媒体是帮助教师传授知识的工具或手段。融入信息技术以后，教师转变为课堂教学过程的设计者、组织者和指导者，指导学生利用信息化教学媒体或平台自主学习教材和其他信息化教学资源，帮助学生在原有的知识基础上加工信息，促进学生主动建构自己新的知识体系，学生在信息化环境中自评或互评学习成果，参与评价过程。其次，要充分应用信息技术的新型教学模式，例如，基于混合式教学理论的翻转课堂教学模式，使原来的"学生坐在课堂上被动聆听教师讲解"转变为"学生课前自主学习信息化教学资源，课堂上师生交流，学生完成作业"的学习模式。最后，要实现翻转课堂教学模式，需要教师为学生提供充足的与学科课程相关的数字化学习资源，包括音频、视频、电子文档等，供学生自主学习、自主探究。教师准备的数字化学习资源可以是引进已经成熟的资源，也可以是根据课程教学目标和学习者特点，由教师自己创建的慕课及制作的系列微课，后者是高校教师提高自身信息化教学能力的有效路径。

　　要深入贯彻落实教育规划纲要，创新教育模式和学习方式，加强优质教育资源和信息化学习环境建设，推进信息技术与教育教学的全面深度融合，加快提升教育信息化整体水平，为实现教育现代化、建设学习型社会和人力资源强国提供坚实支撑。

## 二、微课资源建设

　　伴随着网络宽带、通信技术、无线网络、智能移动终端等高新技术的迅猛发展和应用，"微"行业在中华大地上风起云涌，"微博""微信""微商""微视频""微电影""微小说""微聊"等"微"字头的新鲜事物渗透到人们的日常生活中。这股"微"东风也不可避免地刮进教育界，高校教师也将以微视频为载体的"微课"应用于教育教学的各个环节。十几年间，微课经历了从概念形成到教学应用再到蓬勃发展的各个阶段。其间，依托微课资源的建设和应用，高校教师的信息化教学能力也得到了检验和提升。

### （一）微课概念的形成和内涵

　　无线网络、智能手机和平板电脑等移动终端的普及使得学习者采取多元化、非正式的学习方式成为可能，形成了移动化、泛在化、微型化、碎片化的信息时代学习新方式。内容丰富、长时段的数字化学习资源的呈现形态面临着新的挑战，甚至系统设计单元内容、提供课堂教学实录视频的慕课课程资源也已无法满足"微时代"的学习者对信息载体微型化、移动化的需求。此时，"微型"数字化学习资源的供给势在必行，"微课"也应运而生。

　　对于微课的内涵界定，国内学者说法各不相同。有学者关注微课的资源载体——微视频，注重视频的教学性和可用性，认为微课中的"微视频"是指富有教学意义、具有完整意义的知识模块或知识点的微视频资源。微视频承载的课程学习即是学习者在特定学习情境中，根据自我学习的需求和目标，利用微视频所进行的网络学习活动的总和。因知识内容属性、特点的不同，对视频时长也有着不同的需求，通常为2分钟至20分钟。有学者则认为"微课"是经过教师精心设计的信息化教学方案，是以流媒体形式展示的围绕某个知识点或教学环节开展的简短、完整的教学活动，目的是帮助学习者获得最佳的自主学习效果。还有学者从课程论的观点出发，将微课定义为时间在10分钟以内的、有着明确教学目标的、内容短小精悍的、集中说明一个问题的小课程。从课程视角出发，微课即微型课程，是基于学科知识点而构建、生成的新型网络课程资源。微课以"微视频"为核心，包含与教学相配套的"微教案""微练习""微课件""微反思"及"微点评"等支持性和扩展性资源，从而形成一个半结构化、网页化、开放性、情景化的资源动态生成与交互教学应用环境。微课是以阐释某一知识点为目标，以短小精悍的在线视频为表现形式，以学习或教学应用为目的的在线教学视频，他强调了微课突出的四个特点：一是视频长度短；二是微课所选主题小；三是微课设计、制作、讲解精良；四是学习效果震撼，令人难忘。从学习模式的角度定义微课，微课是为支持翻转学习、混合学习、移动学习、碎片化学习等多种学习方式，以短小精悍的微型教学视频为主要载体，针对某个学科知识点或教学环节而精心设计开发的一种情景化、趣味性、可视化的数字化学习资源包。

从上述各种界定"微课"概念的字面意义来看可以将其分为三个大类：第一类对应"课"的概念，突出微课是一种短小的"教学活动"；第二类对应"课程"的概念，包括课程计划（微教案）、课程目标、课程内容（学科知识点）和课程资源（微教学视频、微练习、微课件）；第三类对应"教学资源"的概念，如在线教学视频、数字化学习资源包。尽管各种定义在语言表述上有差异，但其内涵上是有共同点的，即"目标单一、内容短小、时间很短、结构良好、以微视频为载体"。基于上述分析，微课实质上是支持教师和学生开展多样化教学活动的微型数字化课程资源包，学生可以通过网络自主学习，与教师和学习同伴在线讨论，进行间接互动，也可以在实体课堂上由师生进行面对面学习和交流，产生直接互动，开展有意义的课堂教学活动。

## （二）微课的设计开发和应用

### 1. 微课的设计开发

作为数字化的教育教学资源，在设计开发微课时，要综合考虑教学目标、教学内容、教学活动和教学环境等因素。这些微课的构成要素之间是相互联系、相互影响的，微课的开发者只有通过对这四大要素的精心设计和周密安排，才能创建出优秀的数字化微课课程资源。

教学目标是指教师期望通过应用微课资源所要达到的教学效果，它包含两个方面的内容：一是微课的应用目的，即为什么要设计开发微课，何时应用微课（课前、课中、课后），如可以为指导学生预先自主学习某个新的概念或知识点设计制作一个微课，也可以为帮助学生完成课后作业而专门设计、制作解答某个问题的微课等；二是微课的应用效果，即教师期望学生在使用微课后所能解决的具体问题，如引发学生的探究性学习、准确掌握某个问题的解决方法等。微课的教学目标一般具有单一、具体的特征，目标的确定直接影响微课的内容选择和应用形式。

微课所选取的教学内容是与特定学科内容相关的素材及信息，是教师实现微课预期目标的教学素材载体。教学内容的选取服务于教学目标的达成，选取微课教学内容时，教师要依据微课教学目标，分析教学对象的实际学习情况和准备应用微课的教学阶段（课前、课中或课后）等，有针对性地对具体学科教学内容进行增加、删减、修改等综合性加工。微课选取教学内容的不同会直接影响教师对教学活动的设计。考虑到微课短小精悍的特点，在教学内容的选取上要注意突出主题明确、相对独立的"颗粒化"内容特征。

教学活动是指教学过程中师生之间在一定的教学环境中相互作用的过程，包括教师"教的活动"和学生"学的活动"两个方面。教师"教的活动"是指教师作为活动的主体，与微课教学内容之间相互作用并向学习者传递有效教学信息的过程，达到帮助学生对学习内容进行理解、思考并自我建构的目的。教的活动是实现微课教学目标的一个方面，可以分为讲授、演示、操作、与其他活动主体的交流对话等类型。学生"学的活动"是指学生作为活动的主体，与微课教学内容相互作用掌握教学信息的过程，达到帮助学习者加强对学习内容的理解和内化的目的。学的活动是实现微课教学目标的另一个方面，可以分为复述、操练或与其他活动主体的互动等类型。设计微课时，要特别注意"学的活动"的设计，因为如果不能吸引学生自觉自愿地参与学习，"教"得再好，也是"拍不出响声的一只巴掌"。

教学环境也可以称为教学条件，是指为了顺利实施微课教学活动而要构建的工具条件，主要包括信息呈现工具和交互工具。信息呈现工具包括微课视频中呈现的多媒体课件、图形图像、动画、音视频等媒体资源，帮助师生表达或解释教学内容，提高学习者在学习微课或呈现学习效果时与信息资源之间交互的有效性；交互工具是指在开展微课教学时，能促进师生与微课内容之间更有效地进行信息交互和操作交互的工具，包括教学平台、终端设备、网络环境等。

2. 微课的应用

在教学实践中具体如何应用微课，国外的做法主要是将其应用于翻转课堂、电子书包、混合学习等教育教学改革项目。对学生而言，应用微课可以更好地满足其个性化、差异化学习的需要。如可汗学院和TEDed提供的大量微课教学视频，其应用形式基本上是"学习者课前自主观看微课，独立完成在线练习，提问或参与主题讨论"，要求学生在课前观看视频和完成学习任务，使得学习者可以根据自己的实际情况决定观看的时间、次数和快慢等。此时，观看微课取代了传统课堂中的聆听教师讲授的环节，而教师则成为在线或在课堂上回答学习者提问的答疑者、组织学习者开展主题讨论活动的引导者，以及评估学生学习成效的评价者。得益于教育全球化的影响，微课教学模式也被引入我国，并广泛应用于大中小学的各类教学实践之中。

根据微课应用的教学组织形式划分，微课应用主要包括学生独立自主学习、小组协作学习和课堂集体学习三种形式。学生独立自主学习是指学生根据自己的学习基础和需求，自己设定学习的进度和速度，一次或分次独立学习微课内容，并按要求完成教师预设的学习任务、反馈学习情况。课前、课中和课后均可采用这种应用方式，因此它是微课教学应用中最为常用的形式。小组协作学习主要用于学生合作学习的过程，具体形式为小组讨论、探究创设问题情境、合作解决问题等。这种应用方式也可用于课前预习、课中学习和课后复习等活动，但以应用于课堂教学效果最佳。课堂集体学习是指受环境或条件所限，教师将课堂上需要重复操作、演示或讲解的内容制作成微课视频，供学生在课堂上同步观看和学习，以替代教师的现场授课或操作。前两种方式可应用于线上教学、线下教学或线上线下混合教学，第三种方式只应用于线下课堂教学环境。

根据应用目标划分，微课主要应用于学习新内容、处理重难点和巩固拓展三个方面。应用于学习新内容的微课，就是教师针对某个要学习的新的概念或知识点进行有针对性的视频讲解，或者在学习新内容前通过微课视频的方式帮助学生预先自主学习。前者是为学生掌握新的概念或知识点提供个性化、差异化的学习支持，后者是为学生在预习新的教学内容时更好地引发思考、找到问题。处理重难点的微课应用，是指教师根据以往的教学经验，预测学生在理解和应用新知识方面可能会出现的错误或问题，就某些有一定难度的概念或知识点或者需要教师反复讲解、示范或演示的知识点或技能点，以及就某些学生难以理解的创新性内容或问题情境而录制的微课视频。巩固拓展所学内容的微课应用，是指教师根据学生学习的个体差异，制作以巩固所学知识为目的的微课或者以拓展知识范围为目的的微课，或者针对学习要达到的效果设计难度不同的活动，供学生根据自己的实际情况自主选择。受实际教学环境的影响，不同的应用目标在很大程度上受到不同教学阶段的影响，一般来说，课前以学习新内容为主，课中以解决重难点问题为主，而课后则以巩固拓展为主。

就目前高校教学实践来看，微课的应用方式主要是支持翻转课堂教学、课内外差异化教学和课外拓展训练等。翻转课堂教学应用微课资源，主要是指教师根据教学目标和教学内容的需要，将微课资源在课前提供给学生供学生自主学习。当然也可以在课内要求学生学习微课，只要学生学习微课的活动发生在教师讲授或讨论问题之前，即实质上达到，"学生先学，课堂后练"的效果，即属于翻转课堂的教学模式范畴。要注意的是，任务安排一定要适当，难易程度和题量要符合学生整体水平，并要求学生自主学习微课后完成任务并及时反馈，以帮助教师了解学生对微课内容的掌握程度，为制定后续教学策略提供依据。课内外差异化教学是指在课前预习和课堂学习过程中，教师提供某些模块或知识点的讲解微视频，学生根据自身情况完成相应的课内外学习任务，提交体现学习效果的材料信息，教师根据学生学习任务的完成情况，进行差异化评价和有针对性的指导。课外拓展训练是指学生在课后进行知识巩固和应用时，可能会遇到某些不能解决的问题，针对这种情况，教师可以根据以往的教学经验，将解决办法事先录制成微课，以供有需要的学生自主学习。

总的来说，我国微课教学应用的优势也主要体现在课内外的学生自主学习方面，主要目的是促进翻转课堂和混合学习模式的推广和应用。

## 第三节　信息化教学能力竞赛

参加竞赛是强化和快速提高参赛人某一方面能力的较好办法，因为在备赛期间，参赛者会对自己提出较高的要求，广泛地收集和涉猎参赛项目涉及的背景知识，对竞赛知识和技能点会主动地、高强度地反复训练，对自己的展示材料和竞赛内容不断打磨和演练，从而成为自身固化的知识和技能的一部分。为了提高教师的教学能力，面向教师的各类教学竞赛也在各种范围内常年举办，参加过竞赛并获奖的教师也往往更有机会成为某个领域、学科专业或课程的骨干教师、专家学者。进入21世纪，针对高校教师信息化教学能力的赛事也逐渐出现，成为快速提高高校教师信息技术应用能力的一个通道。

### 一、高校教师教学竞赛概述

为提高高校教师的教学能力，尤其是促进青年教师适应岗位、快速提升教学能力，教育部、地方教育主管部门、高等教育类学会/协会或各高校等都会定期举办各种赛事。有的是针对某一专题的，如思想政治理论教学、辅导员素质、教学创新大赛等，有的是针对某一学科的，如外语教学、物理基础课程教学、电工学课程教学竞赛等；有的赛事是面向全国、全省或某个地区举办的。

因为竞赛成绩可能会成为高校办学水平的评价指标之一，直接影响着高校的社会声誉和发展竞争力，所以，各高校往往都非常重视各种有影响力的竞赛活动。为了在比赛中取得好的成绩，高校内部会先行开展层层选拔和培训。围绕某一赛事，最终形成了国—省—校—院等多级竞赛体系，对整体提高教师教学能力发挥了积极的作用。

## 二、全国多媒体课件大赛

全国多媒体课件大赛是由教育部教育管理信息中心主办的、面向全国各级各类院校教师和信息技术人员征集参赛课件作品的一个大型赛事。参赛者在规定的时间内，将参赛课件提交至大赛组委会或赛区指导委员会，经过评审组初审、复审后评选出进入决赛的作品，随后参加在现场决赛及获奖作品的交流、颁奖等活动。大赛分为高教组、高职组和中职组三个组别，其中高教组又根据参赛课件的适用对象，分为高教文科组、高教理科组、高教医科组和高教工科组四个细分组别。大赛鼓励尽可能多的人员参赛，没有地区或院校的名额限制。参赛作品可以由各赛区指导委员会、各院校教务处或现代教育技术中心等职能部门，作为大赛组织单位统一报送本单位的参赛作品。大赛可以个人参赛，也可以组团参赛，以团队形式参赛的每件课件的制作者原则上不超过8人。参赛课件的制作软件、制作工具和风格形式不受限制，但课件教学内容的原创部分必须达到50%以上，课件引用的图文资料应注明来源，避免引起知识产权纠纷。大赛奖励名额不按参赛作品总数的比例设定，而是设为固定的数值，如高教组按四个组别划分，每组分别设一等奖5名、二等奖10名、三等奖20名；此外，各组还设有最佳创意奖、最佳教学设计奖、最佳技术实现奖、最佳艺术效果奖等各一名和优秀奖若干名。评审组由现代教育技术领域和各学科知名专家组成，对参赛课件从教学内容、教学设计、课件体现的技术性和艺术性以及课件的应用效果及现场答辩的表现等方面进行综合评分，获奖者获得由教育部教育管理信息中心颁发的获奖证书。

多媒体课件大赛自首次举办至今已有20多年，从教育思想的转变和信息技术的应用方面来看，大体上可以说大赛的举办经历了起步、成长和发展三个阶段。起步阶段是指大赛成立的最初，这个阶段国外的多媒体技术和网络通信技术的应用已开始在高等教育教学领域加速推广，流行的教育思想是"以学生为中心"，倡导数字化学习（E-Learning）理念，应用多媒体计算机的交互性，激发学习者的学习积极性，体现学习者在学习过程中的认知主体地位。而彼时，国内传统的"以教师为中心"的教育思想仍然主宰着课堂教学，参赛课件中的90%体现着"教师传授-学生接受"的教学观念，主要通过用PPT文档取代板书向学生讲解学科知识，并试图利用计算机辅助教学（CAI）功能突破教学中的重点、难点。课件设计制作比较简单，设计中通常忽视学生，缺少教学目标分析和学习者特征分析。制作时主要采用基于PPT和CAI的方法，把文字教材的章节目录和详细内容转化为电子版，有的会加上导航和超链接形成网络课件。如果不打算上传网站，那么参赛作品就只包含由主要教学内容转化而来的PPT文档，再加上一定量的与内容相关的图片或动画的多媒体课件。

经过第一阶段的四次竞赛活动，高校教师对课件的设计与制作有了一定的实践、观摩和交流学习的经历，教育理念有了明显转变，课件设计制作水平也得到了提升，进入了成长阶段。这一阶段参赛的作品中，有一些课件开始体现"教师主导-学生主体"相结合的教学观念，课件设计中已开始包含教学目标分析、学习者特征分析、教学策略选择、媒体呈现方式、教学评价反馈等环节，反映出"学教并重"的教学设计思想，能够将传统的"以教为主"的教学设计与建构主义的"以学为主"的教学设计结合起来，使两者优势互补，以达到更理想的教学效果。

不少课件制作中应用了虚拟现实技术、VRAM语言和Flash技术。如今，全国高校课件制作大赛进入了发展阶段，参赛课件的设计普遍体现了"混合式教学（B-Learning）"的先进教育理念。在课堂教学中，应用课件演示和呈现教学内容，在课后开展在线交流、提交作业和师生互动，形成"课堂面对面教学＋课后在线互动"的混合式教学模式，反映出"既重视充分发挥教师的主导作用，又能体现学生的认知主体地位"的教学设计特点。课件制作的技术水平也普遍提高，Flash动画、三维仿真、网页设计、虚拟现实等技术的应用已基本成为常态，智能手机、平板电脑等移动终端设备以及QQ、微信和公众号等在教学中的应用日渐频繁，几近不可或缺。

全国多媒体课件大赛是高校教师展示自己的课件制作应用水平和信息化教学能力的重要舞台，在全国各类高校中产生了很大的影响。高校教师通过参加课件大赛，一方面产生了大量优秀的专业课程课件作品，丰富了高校数字化教学资源库，推动了高校精品在线课程、精品开放课程、慕课课程等网络课程的建设与应用；另一方面促进了高校教师教育思想的转变和进步，并触发教师主动应用先进的教育理论指导教学实践，提高了他们在教学过程中应用信息技术的能力和水平，为促进教师的专业发展和深化我国高校信息化教学改革与提升高校教学质量作出了重大的贡献。

## 三、全国职业院校教师教学能力比赛

全国职业院校教师教学能力比赛是目前涉及高校教师信息化教学能力的唯一由教育部主办、多部委共同参与的全国性赛事。自开始吸纳高等职业教育院校的教师参赛以来，大赛规模逐年扩大。至今已经形成了"国赛—省赛—地市级比赛—校内选拔赛"四级竞赛体系。从教育部到各省、自治区、直辖市的教育主管部门高度重视这项一年一度的赛事，成立了教育部和各地的专门化组织机构，形成规范化竞赛机制。从大赛的主办和协办单位、覆盖的院校和专业类别以及参与的教师群体等方面来看，该赛事可以说是国内高校最高层次、最大规模的教师教学能力类型的比赛。

## 四、比赛的影响

比赛自开展以来，对高职院校的数字化教学资源建设、教师信息化教学能力培训和推动教学改革产生了积极的影响。比赛的内容包含教学设计讲解视频、课堂教学视频、电子课件和文档资料等，经历从校赛到国赛的层层选拔，每一次比赛都累积了大量的视频和电子文档等数字化资源。比赛还有专门的官方网站，大赛组委会将国赛获奖作品比赛实况制作成数字化资源在官网展示。在决赛期间，还专门组织举办全国职业院校教学成果在线展示活动，汇集各地的优质教育教学资源和成果，包括专门录制的信息化教学示范课视频，所有这些资源都在网上展示，供教师观摩学习。

历届竞赛资源的积累，形成了内容丰富的数字化共享资源库。每次比赛前后，在教育部有关部门指导下，大赛组委会组织信息化教学专家到各省市的行业、高职院校等，对教师开展公益性信息化教学能力提升培训，培训课程包括"信息化教学设计""信息化教学能力结构""信息化大赛方案解读"等，有些大赛获奖选手也为参训教师进行现场演示、分享个人参赛经验、解答教师疑问等，对各校的数字化教学资源开发和网络平台建设及教师参赛能力提升等都产生了积极的促进作用。

## 五、信息技术应用类竞赛与高校教师信息化教学能力

从上述内容可以看出，针对高校教师教学能力的综合类竞赛和学科专业类竞赛逐年循环举办。其中不乏直接考察教师信息技术应用能力的赛事，如多媒体课件大赛、微课教学比赛、职业院校信息化教学能力大赛等。即使竞赛名称中没有与信息技术直接关联的词汇，在当前的信息化时代宏观背景下，各类赛事在赛前要求提交的参赛材料中基本都会包含教学视频、设计思路讲解视频、电子文档等材料，教师不具备一定的信息化教育技术应用能力是不可能入围的，而且每项教学类竞赛的评价指标中都不可避免地会包含教学设计、教学实施、教学评价等教学关键环节的考核内容，因此，参加竞赛无疑会全面促进高校教师信息化教学能力的提升。

经过时间的洗礼留存下来的竞赛项目一般都具有科学性、权威性和规范性的特点，代表着某个领域的教育教学理论与教学实践的最新发展和最高水平。竞赛实施方案，尤其是竞赛评价指标，对于提高教师信息化教学能力有着深度、细化的指导作用，对于信息技术与学科教学的深度融合也具有重大的指导价值。竞赛提供的教学实践平台，让高校教师更具有积极性和创造性，对教学

设计、教学实施和教学评价等教学环节的理解更加透彻。通过备赛和参赛，教师集中研读大量国内外前沿教育理论论文或专著等文献，了解和掌握与信息化相关的教学理念，教学理论水平得以提升，并在理论指导下进行教学实践，加上观摩学习前期的优秀参赛案例，获得直观的教学经验。从而激发教师将各种新型教学理念、教学设计和实施方法、信息化教学技术手段等应用于自身的课堂教学，实现从知识技能的认知阶段提升到知识技能的应用和内化阶段，实现课堂教学方式的根本转变。

借助竞赛的平台，经过一次次的"慕课研课"过程，促进了高校教师不断地自我探索、自主学习和反思，由内而外地激发了高校教师自我发展的动机。有过参赛经历的教师更会主动致力于应用信息化技术手段整合学习资源，营造开放式的信息化教学环境，改革学习方式和评价手段，提高教学效率，培养学生持续自主的学习动力和创新的批判性思维能力，教师的信息技术应用能力也会得到质的提高。

竞赛搭建了校、地区、省乃至全国性的教师交流平台，这些平台开阔了教师的眼界。教师以解决实际的现实问题为导向参与跨界研讨，学习优秀教师的参赛和教学实践案例，促进自身更快进步，推动自身专业发展。竞赛获奖教师通过示范课、教研讲座、课题论文等形式在校内外开展参赛成果和经验的深度交流，带动教师的整体专业发展。毋庸置疑，竞赛是高校教师提高信息化教学能力和促进专业发展的有效渠道。

# 第七章 高校教师教学能力专业化发展

## 第一节 高校教师教学能力专业化发展的理论

根据世界各国和地区大学教师专业发展已有的经验，并结合我国高校发展的经验，研究归纳提出适合中国高校教师发展的四类模式。

### 一、平台支持模式

高校教师发展的平台支持模式主要包括教师、教学发展中心、学科专业发展平台、教学学术共同体、项目平台等以构筑平台形式推动的教师发展路径和操作方式。

#### （一）教师教学发展中心

以推动高校教师发展为服务目标的教师、教学中心之类的组织建构是欧美国家大学组织创新和发展的结果。这些机构虽然名称各异，但在体制设计上保障了教师及其教学发展等有形的机构支持。

我国高校建立教师教学发展中心的时间短，中心的职能与一些原来在人事处、教务处等部门担负的职能尚没有清晰划分，即便是独立设置的机构，也由于传统的惯性和中心的影响力尚弱，要得到认可并担负起相关的职能尚需时日。因此，整合学校教务处、人事处、各院系等部门的资源，合力推进教师发展的综合协调机构模式，是发展初期的一个最佳选择。这类机构同时也是各类教学评估委员会、督导委员会、职称评审委员会等组织的常设联络机构，担负着全校性的教学质量保障和监测、教学改革推动和组织、教师工作评价等职能。

### （二）学科专业发展平台

学科专业发展平台是教师发展的重要途径，高校要破除学科即科研的逻辑，通过制定相关政策、建立一系列的制度，进一步建设成适合教师全面履行学者职能的平台。如在高校教师经常性的出访和国际交流等活动中，以学科交流为牵引，能够带动课程建设和教师的职业能力提升。如有的院校就为每一位出国访学教师制定诸如"五个一"方案：结识一位国际知名教授、参加一次国际学术会议、发表一篇外文文章、带回一门前沿课程、建立一个专业交流渠道等方案，提供政策支持和制度保障，使教师体现对学科专业忠诚的同时，在与所在高校相互作用的过程中，逐步形成和提升对学校的忠诚以及对人才培养工作的热爱。

### （三）教学学术共同体

该平台的目标是使教师共同致力于创新教学的各种实践。如中国海洋大学在学校层面建立的优秀课程教学观摩行动研究的制度平台，通过尝试探索优秀教师课堂教学的特点，以"析法""论理""激思""研教"的方式，促使青年教师反观自己的教学并提升反思性学术实践能力，最终使得教学学术发展在教学实践过程中凸显出来。

该平台在学院层面还可以通过建立网络教学论坛，邀请有关教师参与论坛并分享教师教学和学生学习等方面的感受，作为同行间讨论和反思的催化剂，带动学院教学学术共同体的发展。学院层面教师专业化成长共同体的建设非常重要。

### （四）项目平台

项目也是一种平台，是高校教师非常熟悉的研究或实践途径，是为了某一目标而执行的任务，如教研项目、科研项目、教育部质量工程项目中的教学团队建设等。

## 二、培训指导模式

教师发展的培训指导模式主要包括教师入职培训、教学督导、教学评估等以专题形式组织的培训和指导性教师发展路径、操作方式。较之以平台支持模式，培训指导模式的活动设计具有直接的针对性和明确具体的教师发展目标和效果。

## （一）入职培训

入职培训即岗前培训，是指以新补充到高等学校从事教育教学工作的人员或其他人员为受训对象，对其进行初步的职业适应性培训。欧美高校入职培训一般是针对新教师（即刚完成最后学历教育并在高校第一次获得学术工作的人），旨在为新教师适应学校文化、平衡工作和生活等提供有效指导和帮助其提供校园化服务和针对性培训活动。

我国高校的入职培训，新教师必须学习不低于110学时的理论课程，内容包括高等教育法规、高等教育学、高等教育心理学和高等学校教师职业道德四门教育理论课，以集中授课为主要形式。但是，由于我们是在传统的教师管理和师资建设的思路中行进，尚未建立起长效机制并发挥教师在发展中的主体作用。如何将集中培训和个性化、丰富的学术活动指导结合起来，让新教师尽快融入大学组织，在实践中掌握教师职业的基本规范和要求，形成相互间的帮助和支持，建立起学习共同体的范式，是未来新教师培训需要关注的问题。

## （二）教学督导

我国高校也建立起了一支具有自身特色、不同于其他的教学督导队伍，发展至今已成为我国高校内部质量保障体系建设中的一支不可或缺的力量。他们通过涉及广泛的调研、督促、检查、评估、指导、咨询等工作，发挥着促进教师及其教学发展，最终促进学生成长与发展的作用。其工作形式是多样化的，有常规听课督导、专项调研督导、教师评价与咨询、课程评估与指导等形式。特别是在教师课程教学的个体咨询和指导方面发挥了"传帮带"和专业指导的作用。

教学督导是我国高校比较传统和常见的方式，能够使教师获得关于教学的建设性反馈，将其转型到教师发展和教学促进专业服务方面，定位为教育和教学发展者的角色，是推动当前我国高校教师发展的有效路径。

## （三）教学评估

我国高校普遍开展的课程评估或教学评估工作，或是为了促进课程体系和专业建设，或是为了评价课程质量和教师的教学水平，对人才培养方案的落实、人才培养质量的提升起到了促进作用，成为高校质量工程建设的重中之重。因此，通过评估可以推动教师及其教学的发展。

# 三、自主发展模式

教师的自主发展模式，主要包括教师自我指导、情境学习和建立档案袋等教师主动的发展方式。与平台支持模式和培训指导模式的不同在于，教师不是被建构和被发展者，而是积极地自我建构和发展的主体，是一种主动发展模式。

## （一）自我指导

教师的专业自我（Professional Self）是个体对从事教师工作的感受、接纳、肯定并将显著影响其教学行为和效果的心理倾向，是教师自我发展的内在主观动力。在自我指导的发展路径中，教师自身在职业发展中扮演着关键的角色。

自我指导的学习过程模型，用于指导大学职工的自我发展。该学习模型奠基在三个主要原则之上：①认识到理想自我（Ideal Self）和真实自我（Real Self）之间的差距，这些差距就代表着去学习和提高的首要动力；②遵循"70/20/10学习法则"[①]，创造和实施一个具有挑战性的和现实的自我发展行动计划；③在学习者和督导者（Supervisors）之间持续发展对话，因为二者都有责任确保整个学习过程的发生。因此，该模式也是一个具体的教师自我发展的操作路径，也适用于组织的学习与发展。

---

① 70-20-10 法则是一种培训和开发员工的方法论，它最初由美国巴克利银行的人力资源专家 Robert Eichinger 和 Michael Lombardo 提出。70% 的学习和发展来自于工作中的经验和挑战；也就是说员工通过工作史的实际操作来获得最丰富和具有可持续性的学习经验。20% 的学习和发展来自于人际交往和合作，例如与同事、上级、下属等交流和互助。10% 的学习和发展来自于课堂培训和其他外部资源，包括书籍、在线课程、研讨会等。

教师可以通过准备一个自我指导的计划，包括个体发展目标、原则、策略和活动，所需资源和未来计划等内容，来指导个体的专业发展。自我指导的专业发展途径很多，包括与同事一起的学习和讨论，加入一个教师研究团队，参加学术会议、教学工作，开展课堂改革项目，参与课程开发，通过网络开发资源等。自我指导式发展有助于提高个体的专业发展责任感，提高发展动力。

## （二）情境学习

高校教师情境学习的途径有很多：一是高校普遍成立教师、教学发展中心后，提供了经常性的各类教育教学研讨会、报告会、工作坊等活动供教师选择。二是各个院系都有学科专业规划和队伍建设思路，或者课程建设团队等，通过与同事共事、参与研究、观摩资深教师的课程教学、请同行指导等，有助于形成合作学习情境。三是丰富的在线资源和学习途径，如以Coursera（大型公开在线课程）、edx（大规模开放在线课堂平台）、Udacity（在线教育机构）等三大课程提供商的诞生为标志的大规模网上在线课程MOOCs（慕课）的迅猛发展，汇聚了越来越多的世界名校课程，对大学及其学习方式带来巨大影响，使得教师终身学习、师生共同成长成为必然，也提供了丰富多彩的自我学习和发展的环境条件。再如美国大学近十年来推动的公开进入（Open Access）运动，强调大学作为知识创造、应用和传播主体的社会责任，鼓励教师把自己的学术论文发表在高校学术论坛上，使研究结果公开、可批评、可评估、可以成为学术共同体的共同财富，由此增加教师间的自由交流和探讨，达到互动、反馈、分享、提高的目的。

## （三）建立档案袋

档案袋（Portfolio或Dossier）或电子档案袋（E-Portfolio）是欧美国家普遍用于教师质性评价的方法，由于关注评价的发展性、反思性功能，具有促进教师"有结构"地反思自己的作用，也成为教师专业发展的重要途径。

教师总结三个主要类别的内容：教学方法或理念，教学职责，教学效果的证据。大学的教学档案信息系统记录了教师教学效果、范围、复杂性和个性等内容，反映出教师过去几年的教学进步。这些由教师提供的描述资料是教学有效性的证据，也是教师专业化发展的证据和教学成效判断的依据。

我国高校教师在日常的教学工作中也有许多的文本档案，如指导文件类，包括专业设置、课程体系、教学大纲等；课程教材类，包括教材、讲义、教学参考文献资料等；计划设计类，包括教学计划、教学日历、教案设计等；执教过程类，包括讲稿、多媒体课件、教学录像等；成绩考核类，包括命题、评卷、报告、成绩报表等。将这些陈列性材料与对教师自己的成就、风格、态度、价值观等方面内容的个性化描述结合起来，进一步发展为记录和反思教师专业成长和发展的档案袋，并不断更新，就能够发挥教师自主发展的促进作用。特别是电子档案袋的使用，还有助于推动教师的信息素养水平的提升，进而推动现代教育技术在教学中的运用。

## 四、混合生成模式

教师发展的混合生成模式，主要包括专业协会和网络模式等教师发展的路径和方式。混合生成模式既具有平台作用，能得到专业的指导，又为教师自我发展提供便利的条件，因此，它是广受欢迎且行之有效的模式。

### （一）专业协会

专业协会在专业性职业发展和从业人员专业化发展方面发挥着积极的作用。国际上在推动教师专业化发展方面极为活跃的高等教育专业与组织发展协会（POD）、国际教育发展联盟（ICED）和教职工与教育发展联合会（SEDA）就是优秀范例。其共同的使命都是维护各自会员的权益并提供相关服务，以促进教师、教育机构及高等教育的发展为目标，特别是多元化的国际同行成员的构成加速了全球教师及教育发展的进程。从三个教师发展专业协会的活动内容与形式来看，都通过举办定期的国际性会议与出版会刊的形式，组织各种研讨会、培训班等活动，为教师专业发展者和研究者提供经验交流与成果展示的机会。从协会的组织决策与管理模式来看，采用委员会制进行管理，协会主席的任期没有终身制度，体现了协会的民主精神，使所有会员享有均等的发展机遇，并培养专业精神。

我国与教育相关的学术组织，如中国教育学会的全国教师教育分会，中国高等教育学会及其分会等，都在教育界有着广泛的影响，近些年召开的学术会议都涉及高校教师发展主题，可以在进一步建构高校教师发展专业协会上发挥作用。特别是在学会活动的国际影响、组织和管理的民主模式等方面的改进，将进一步推进高校教师的专业化发展。

### （二）网络模式

网络是一种新的组织模式，目前越来越多的国家，特别是网络技术发达且应用广泛的欧美国家，重视教师发展网络在推动专业化方面的积极作用。

全国高校教师网络培训中心则主要利用数字化和网络化技术，以培训网站为载体，以全国高校教师网络培训省级分中心和城市分中心为支撑，开展高校教师培训工作。这些网络体系和组织在今后的工作需要从"教师培训"转向"教师发展"，利用现代网络技术，提供更为广泛、生动、便捷且即时的发展项目，满足教师的不同发展需求。同时，日益增多的各高校教师教学发展中心，可以通过建立网络联盟，共享信息资源，共同促进教师的专业化发展。

# 第二节　高校教师专业化发展的现状、途径与策略

当今教师的专业化已成为世界教育发展的共同趋势，也是我国加强教师队伍建设、全面提高教师专业化水平的不懈追求。

## 一、高校教师专业化发展的现状

### （一）国外高校教师专业发展现状

国外有关高校教师专业发展的研究由来已久，学者们根据各自的视角、目的和需要采用多种方法和途径对教师专业发展进行了大量而丰富的研究，现如今教师学习和学习社群在西方学术讨论中已经成为探讨焦点，国家和市场对西方教师专业发展的实施有着重要的影响。西方学者认为，教师专业发展是学校

发展和教育改革成功的关键，处于教育变革的中心地位，教师专业发展逐渐走向以学校为本，并融入教师和学校的生活，日趋系统化。以个体为分析单元，探究个别教师的课堂实践与专业学习，以及以团队为分析单元，关注教师学习社群对教师学习的作用，这两种研究取向同时为我国理解教师的学习和发展提供了颇有价值的洞见，深层次促进了我国高校教师专业发展。

### （二）国内高校教师专业发展现状

高校教师专业发展的研究在我国起步较晚，而且没有受到足够的重视，其中有一些客观的原因，如：相对于中小学教师，高校教师专业发展的问题还不突出；高校教师专业化的问题涉及科目多且复杂，传统中有一种神秘的色彩，知识高深的性质让人畏惧等；高校教师专业发展长期被学科专业发展所替代，从而造成了认识上的误区等。

高校教师担负着科学知识创新、传播文化、培养高级专业知识和技能人才的重任，高校教师专业发展理应走在前列，可现实中他们却表现出严重的滞后性。随着高等教育信息化、大众化的出现，高等教育的质量和效益受到越来越多的关注，高校教师专业发展的相关问题也凸显出来。

综观教师专业发展的研究状况，其焦点主要集中在以下两个方面：一是侧重教师实际经历的专业发展过程，侧重研究教师专业发展体现在哪些方面，发展要经历哪些阶段，发展是否有关键期等；二是研究教师专业发展的促进方式，研究教师在教师专业发展观念指导下，给教师提供哪些以及如何提供外部环境和条件，才能更好地帮助教师顺利地走过专业发展所必须经历的各个阶段。

## 二、高校教师专业化发展的途径

### （一）教师专业发展条件

教师职业有其独特的职业要求和培养体系，如规定的学历要求、由专门的训练所形成的专业知识和教育教学技能、特定的职业道德和相应的职业条件。其职业特点意味着教师职业是一个学习型职业。教师的专业发展是一个持续终身的发展过程，需要宏观的政策支持、有效的制度保障和微观的实践条件保证。

宏观上，教师的专业发展依赖于国家的政策法规作保障。明确规定了教师资格取得的途径、方法，确认了教师工作的专业性，同时也标志着对教师职业专业性的实践深化，使教师职业化水平的提高得到宏观的法律保障。实践中，教师的专业发展依赖于教师教育制度的规范化。教师教育标准、教师教育课程标准、教师教育机构的资质认证制度、教师准入制度、教师教育的质量标准和评估制度等都为教师的专业发展提供了制度上的保障。这些法律、行政手段进一步完善了我国教师教育运行机制，为高校师资队伍建设和教师的专业发展创造了良好的制度环境和有效的政策支持，致使我国教师队伍建设在规模和素质上都实现了历史性发展。

微观上，教师的专业发展在很大程度上依赖于良好的职业生长环境和群体间的互动氛围，因为教师的专业发展具有开放性和合作性。它既是教师的个体行为，也是教师团队的群体行为。学校是一个育人场所，具有学习的条件和资源，具备专业生长的土壤。因此学校应为教师营造一种研修相长的生态环境和发展运行机制，使教师在这个由学校支撑的平台上发挥个体的创造力，在群体认同和群体合力中学会以科学的态度探讨教育教学规律，对自己的教育教学行为和他人的经验进行研究分析，从而学会理性思考，不断对自己的知识、能力与经验进行反思整合，达到发展自我、提升素养、促进专业发展的目的。

实际上，教师的专业发展是一种自觉的职业行为，因为专业素养生成于自身的实践过程，从知识的积累到认知的发展以及情感的丰富与深化都是在动态的教育教学情境中思考、领悟、内化与提升的。在整个教育教学生涯中，教师应该有一种自我提高的内驱力，自觉地为自身的发展开拓空间。从一个刚走上讲台处于适应期的新手到处于成长发展期的中青年教师，再到经验丰富专业趋于成熟的研究型专家教师（Expert Teacher）的转化是一个漫长的成长过程，需要在真实的教学活动中通过不断的实践反思发现和建构理性知识，积累教育实践智慧，形成教育教学能力。这就要求教师有较强的自我发展意识，在实践中锤炼专业素质与能力。

### （二）教师专业化发展的实现途径

教师专业发展的实现途径主要包括两个方面，也可以说是从两个不同角度来看教师专业发展。从学校角度说，也就是对于教师而言是外部环境，学校可以采取很多方法来实现，如教师教育培训等，当然教师自身的努力更是不可或缺的。

1. 以时代要求为前提，更新教师专业发展理念

21世纪是一个知识化、信息化时代。科学知识的快速更新和学科间的相互渗透与交叉，对教师的知识结构和综合能力提出了新的要求。科学技术的发展和计算机网络的普及，改变了人们的生存方式和学习方式，人们可以不受时空的限制自由地访问丰富的文献资源、获取所需资料和信息。显然，知识的更新和信息传播方式的变化促进着学校和教师角色的改变以及观念的更新。传统的课本、粉笔加黑板的定论知识传授型教育教学方式已远远不能适应知识化时代教育的发展态势和受教育者的要求。教师现在越来越少地传递知识，越来越多地激励思考。原有的作为唯一知识载体的教师应成为能发现知识资源的导向者，终身学习观念的体验者，教育实践的探索者和知识创新的实施者。

面对挑战，学校应从职业素质和从事教育教学能力等方面对教师提出具体的职责要求，使教师摆脱陈旧的教育理念和心理定势，建立与时代要求相吻合的发展理念和发展目标。同时，学校院系应建立行之有效的激励机制和督导制度规范教师的职业行为，使教师的专业发展成为学校和教师双方共同关注的重要方面，使他们以自主发展为主，以理论探讨为先导，以提升教育实践能力为目的，以课题研究为载体，在课题研讨中领悟教育理念、丰富专业知识，在实践中锤炼专业职能与技巧，在反思中实现课堂教学重构，在群体互助、资源共享的生态环境中形成优势互补的合力，实现专业发展。

2. 以专业档案建设为基础，强化教师的自我发展意识

专业发展档案是教师专业发展的记录和见证。它以终身学习理念和可持续发展观为依据，以过程管理和绩效检查为目的，起着规范教师管理、监控教师

发展和激励教师成长的作用。院系可通过教师专业发展档案的建设来增强教师的自我发展意识和责任感，引导他们确定长远发展目标，制订专业发展计划，选择相应的发展战略，使他们的专业发展具有目标性和方向感，且能成为一种自觉的行为。

专业发展档案主要包含教师个体的长远发展目标和短期发展计划以及年度考察情况、教师的继续教育情况、学年教学任务完成情况、科研成果和社会服务记录等。其中，继续教育是教师发展的必须，包括教师的入职或岗前培训情况、短期进修和定向自修情况以及学术交流活动的参与情况等；教学工作是教师职责的主要组成部分，包括教师每学年的课程开设及课程教学计划、教学改革方案与实施、每门课程的期末或学年的评价方式及结果、课程以外学术报告的提供情况等。科学研究是教师成长的必由之路，这方面的信息包括课程开发、课题研究、论文发表、各种奖励及其他成果等；学业指导社会服务也是教师职责范围的内容，档案内应涵盖教师参与学科建设的情况、师资队伍建设中传帮带作用的发挥、学生学业指导或实践活动指导以及院系其他活动的参与记录等。

档案材料的积累过程是教师不断审视自己的发展计划、检查目标完成进度、调整发展策略的过程。档案的建设需要教师个人与院系的积极配合，定期或不定期地充实内容、补充各类支撑材料和原件。完善的档案信息可直接作为教师发展性评价和教师晋级提升的依据以及优秀教师评选的重要参照。

3. 以信息技术为依托，营造支持教师专业发展的网络平台

信息化为教师的职业发展提供了有利条件。教师教育应率先推进信息化进程，实现跨越式发展。学校可利用数字化校园开发支持教师专业发展的网络平台，为教师创建虚拟学习社区。网络平台可由不同的模块组成，如名家讲坛、教育理论探讨、教学经验交流、课程教学视频点播系统（包含精品课程、教学示范案例、课件制作辅导、多媒体运用技巧等）和在线教育资源如职业道德论坛、文学艺术欣赏、传统文化、素质教育等。教师可随时随地查找所需信息、丰富文化底蕴、建构多元化的知识结构，也可发表教学观点、点评教学案例、

抒发教学情感，或引发对某一问题的深层思考。

随着信息化社会的到来，信息技术在教育中发挥着越来越重要的作用。信息素养已成为教师必备的智能组成部分和科学素养的重要基础，它包含信息意识、信息知识和信息能力，即利用现代技术手段获取信息、解决问题的意识以及基于现代信息技术环境下学习和工作的能力。因此，教师必须具备及时、准确掌握信息且科学有效地利用信息的能力。学校网络资源的建设为教师的专业发展提供了交流互助的平台，使教师不受时空限制地进入教师学习共同体、了解教育发展态势、关注本学科研究前沿、拓宽教育教学视野、探讨高等教育规律。

4. 以教学研修为形式，培养教师的教育教学实践

有效的教师专业发展注重师资培养的实践性。从教育教学的需要出发，以个体和群体为单位开展教学研修活动是促进教师专业发展的重要途径之一。教学研修是一种实践性教学研究活动。研究的开展主要立足教育教学实践，教师群体通过运用实践教育理论，以开放的心态对学校教育教学活动进行反思，创造性地提出和制定可行性方案及对策或建议。这种研修活动是沟通教育理论与实践的桥梁，为教师提供了对不确定性教育事件的把握方式以及针对特定教育问题的解决方式，有利于他们从大量的教育教学案例中获得知识、形成理念、提高教学能力。

学校或院系可围绕学科建设以专业方向为单位定期开展教研活动。研修活动也可以根据教师的成长规律和特点来开展，使教师形成和保持不断学习的意愿和能力，增强参与教学研究和教学改革的动机和使命感。如初任教职的新教师需要外在的支持和指导。学校和院系可采取集中培训和个别指导的方式，引导他们把握教学的各个环节、尽快适应新角色。集中培训可采取课题讲座、小型说课、教案示范、观摩课的点评、课件制作展示等形式，为新教师提供间接的教学体验和决策训练以弥补他们教育实践经验不足的缺陷，使其尽快将所学知识内化为实践能力。个别指导可以采取导师制的方式做针对性的专业引领，即选择部分资深教师指导他们工作一学期或一学年，通过导师的教案指导、随

堂听课、对话式问题诊断、督导检查等，使他们尽快熟悉教学的常规性工作、完成新角色的转变。处在发展期的中青年教师应注重知识的更新、自身教学行为的反思、经验的总结和能力的提升，尽快超越心理上的"高原现象"，以便从经验型教师向研究型教师转变。对这一时期的教师可通过教学研究、经验交流和课题研讨等形式引发他们进行教学反思训练，提高自我觉察水平、发展意识和教学能力。处在专业成熟期的学者或专家型教师对学科教学体验深刻、有独到见解，课堂教学经验丰富，科学研究成果丰厚。这类教师应该更加关注个人的教学风格和学习者的个体差异以及学生的情感需求，灵活使用教学方法和技巧，努力做好知识的传授和学习的引导、资源的利用和能力的开发，同时，要做好青年教师的专业引领工作。总之，教师在业务探讨、教学探究的过程中，形成"引领—体验—互助—研修—提高"的发展模式。

5. 以课题研究为载体，发展教师的科学研究能力

教师的专业发展离不开教育教学实践的体验和科学研究，因为教学与研究是彼此共生的两个变量。教育教学实践需要理论的指导和引领，而科研的开展需要现实的土壤和根基。同时，科学研究又是高校教师必须具备和发展的素养和能力，也是知识经济时代的迫切要求。教师有各自的研究方向和课程侧重点，个体之间相对独立。这就要求学科、院系从管理制度、激励机制、资源配置等方面考虑，创造良好的科研环境和氛围，充分调动教师的科研积极性；同时应有意识地组织或整合教师资源，建立学科或跨学科的研究团队，形成相互支撑、优势互补的合作文化，从而拓展研究空间、拓宽研究领域、推进教师的科研创新。学科间的渗透和教师群体的交流容易产生交叉学科的研究增长点，同时培育教师的团队精神和合作意识。

课题研究可以结合学科专业和教育实践开展。进入大众化阶段的高等教育有许多带有普遍性的问题值得研究和探索，如师范教育制度转型期的教师教育模式问题、适应经济社会发展的专业结构调整问题、大众化背景下人才培养模式问题、研究生教育质量评估体系的建构问题等。这些针对性强的课题可以提高教师的研究兴趣和研究的驱动性，研究结果宏观上有利于推进高等教育改革

和新时期人才培养，微观上有利于教师学科专业与教育专业的智能融合和现代教育理念的形成。教师在探究的过程中建构新的知识体系、增强素质和能力，形成良好的发展循环。

随着高等教育的快速发展，人们普遍认识到了高质量师资队伍建设的重要性。教师的专业发展已成为社会、学校和教师个体共同关注的重要课题。目前我国的教师培养机制正从封闭定向式向开放多元化转变，教师教育模式也由一次性职前教育和职后学历补偿向职前教育与职后培养一体化的终身学习与专业发展转变。教师的专业发展起始于教师个体的专业发展意识，根基于良好的职业生长环境，得益于健康的学校教研文化和终身的职业实践与自主发展。因此，学校和院系要努力营造有利于教师专业发展的环境和氛围，建立长效的激励机制和评价督导制度，加强教师专业理想、职业信念和职业道德教育以及专业发展意识的引导和培养，使教师以自身发展计划为目标，以本学科教师学习共同体为依托，通过定向自修和集体研修的方式，逐步走向专业成熟、实现专业自主。

## 三、高校教师专业发展的制度保障

### （一）制定教师专业培养标准

制定高校教师专业培养标准至少有两方面的积极意义：一是设定教师专业培养标准有助于引领教师不断追求专业成长；二是教师专业培养标准有助于教师比照标准发现自身不足，从而引导教师形成今后的专业发展目标。目前，有关高校教师的专业培养标准，国家层面上只有一些原则性的要求，如：高校教师应具有良好的职业道德，遵守法纪，能为人师表，教书育人，能全面地、熟练地履行现职务职责，积极承担工作任务。高校教师应系统地掌握本学科的基础理论并具备相应职务的教育教学能力和科学研究能力。由于这类专业培养标准的规范性和科学性都有所欠缺，教师很难对照标准度量自身发展与培养标准的差异，因此，高等教育管理部门还需进一步制定统一的、细化的高校教师专业培养标准以实现高校教师素质的标准化。

教师资格认证标准分别是：①专业品质与态度，包括政治思想品质、专业品质、评价反思和终身学习；②专业知识，包括普通文化知识、学科专业知识和教育学科知识；③专业能力，包括语言表达能力、行业联系与预测能力、课程开发能力、教学设计与实施能力、教育科研能力、鉴定与评估能力、协调与合作能力和专业发展能力；④专业责任，包括确保职场健康与安全、维持心理健康、保证学生平等参与、培养学生社会责任感和指导学生就业与创业。

## （二）构建教师专业发展评价体系

教师专业发展评价体系建立在教师专业培养标准基础之上，这本身就是一种目标导向，对教师专业发展具有高效的激励作用。反观我国高校内部的各种评价机制，都还很少从高校教师专业发展的高度来思考和推行。事实上，由于评价体系能够对高校教师专业发展产生持久而深远的影响，因此，建立以教师专业发展为导向的教师评价体系将是引导高校教师专业发展的核心路径。具体而言，高校教师专业发展评价体系的建构应着重考虑以下几个方面的问题：

首先，在评价理念上，奖惩性教师评价强调教师的绩效，直接与教师利益挂钩，发展性教师评价则强调对教师专业发展的引领。一方面，由于奖惩性教师评价具有更强的驱动性，因此，在构建高校教师专业发展评价体系过程中，要适当引入奖惩性评价理念以提振教师工作士气、提升教学品质；另一方面，就发展性教师评价来说，它更能够帮助教师发现专业发展中的问题，提出策略，提高教师专业发展水平。更能体现对教师专业发展的关注和对教师的人文关怀。因此，构建高校教师专业发展评价体系，要兼顾奖惩性评价和发展性评价两个方面的功能。

其次，在评价形式上，一方面，由于高校教师在不同阶段的专业发展需求与特点不同，不能以单一的评价标准去苛求所有教师，要根据不同阶段教师的专业发展重点确定个性化的评价标准、专业发展目标和进修计划；另一方面，由于教师专业发展是一个循序渐进的过程，也不能将教师各个阶段的评价结果孤立看待，要建立各个阶段评价结果之间的联系，形成动态的、持续发展的全程性评价。因此，构建高校教师专业发展评价体系，要兼顾阶段性评价与全程性评价两种形式。

最后，在评价内容上，现行的教师评价体系主要存在两方面的问题。一是侧重于对教师科研成果的考核，而忽视对教师专业道德品质和教学成果的评估，导致高校教师有片面追求科研绩效的倾向。二是在考核的指标上，更侧重于对量的考核而忽视了对质的评估，导致教师倾向于在短时间内发表大量质量不高的研究成果。因此，构建高校教师专业发展评价体系，要改变以往以科研项目、科研经费、论文、论著、专利、获得奖励等科研成果的数量作为教师职务聘任和晋升的主要依据，要提出对高校教师专业道德品质和教学绩效的要求，根据教师专业培养标准细化考评指标，以此引导广大教师自觉提高专业素养，教学、科研两条线协调发展。

## 四、高校教师专业发展的组织支持

### （一）将导师制和助教制落实到位

导师制和助教制实际上是互为一体的两个方面：一方面，由师德高尚、学识渊博、经验丰富的教师担任导师，采取结对子的形式对青年教师进行全方位的指导；另一方面，青年教师通过协助导师教学、帮助导师批改作业等方式同时成为导师的助教。这种模式针对性强、效率高、方式灵活以及有利于实现导师与助教的双赢，因此，导师制和助教制是缩短高校青年教师成长时间、加快教师专业发展进程的有效途径。

在实施过程中，导师制和助教制的优势没能显现出来，主要有两方面的原因：一是在理论层面上，有关导师制和助教制的相关理论研究缺乏，对于导师指导的内容、指导的途径以及制度的保障机制等都缺乏系统、科学的研究；二是在高校教师管理制度方面，导师制与助教制职责权限模糊，两者在权利、义务、责任、考核等方面存在制度上的冲突。

因此，要使导师制与助教制并行不悖共同促进青年教师专业发展，首先，必须加强对两种制度的理论研究，明确"如何导"和"导什么"这两个关键问题，并构建有效的制度保障机制，使两种制度真正实现系统化、制度化和规范化。其次，有必要在教师管理制度上明确导师和助教的职责范围，避免两者在制度上的冲突。在形成制度化的前提下，高校应该为每一位新教师配备教学经验丰富，教学、科研水平兼备的指导教师，为其制订具体的培养指导计划，对其专业道德的培养、专业知识的积累以及专业技能的提高进行全面、系统的指导。与此同时，新教师通过成为"导师"的"助教"，在协助"导师"工作的过程中，可以跟"导师"保持密切的联系，获得一些个人专业发展的策略建议以及解决教学、科研过程中一些具体实践问题的方式方法。这样新教师会有一个相对稳定的时期积累专业知识和教育教学经验，为其日后的教学、科研工作打下良好的基础。为确保这两种制度能够落到实处，有必要建立相应的监督与评价机制，导师应对新教师担任助教期间所完成的教辅工作做出鉴定，还可通过定期检查听课笔记、工作小结以及其他教学任务完成情况对其进行考核。对于不合格的教师，应延长其担任助教的时间，避免导师制和助教制流于形式。

### （二）完善教师讲课比赛形式

一系列比赛活动的开展，对于调动广大教师教学的积极性，提高教师的教学水平起到了一定的作用，但其中也不乏一些问题。针对现有的问题以及如何完善教师讲课比赛形式，使之更好地为教师专业发展服务，有以下四点建议。

#### 1. 重视比赛准备过程

曾有教师表示，现在教师讲课比赛仅仅是为了比赛，大家更看重比赛的结果而非过程。比赛的准备工作大都由参赛教师一人独立完成，目的也只是上好所要展示的一堂课，而与平时的随堂授课相距甚远。事实上，更有助于教师发现问题并做出改进的应该是讲课比赛的准备过程。一方面，学校要做好比赛的前期宣传，扩大参赛教师的覆盖面，比如：凡35周岁以下，且未在讲课比赛中获奖的教师都必须参加；另一方面，讲课比赛宜以团队为单位报名参加，虽然最终进行比赛展示的只能有一位教师，但他不是孤军奋战的，在整个比赛过程中，他应该有一个强大的团队作为支持。这个团队中有经验丰富的老教师，也有富有活力的年轻教师，整个团队为教学内容的准备、课程的组织和设计共同出谋划策，以使团队中的每一位成员都能在比赛的准备过程中获益。

2. 关注授课内容和学生学习成效

高校教师讲课比赛还普遍存在的一个误区是评比中更看重教师的表现力和感染力而忽视了教师的授课内容。高校教师所传授的知识具有专业性和高深性的特点，高校教学也更多的是一种探究性的专业教学，讲求知识的系统化、深入化和科学化。这就决定了大学教师授课不能只关注教师的表现艺术，还必须关注教师的授课内容和学生的学习成效。大学课堂的精彩性，不在乎其夸张的肢体语言，不在乎其富有感染力的表演艺术，而在乎其能否把深奥的专业理论知识深入浅出地讲授出来。因此，在高校教师讲课比赛中，应该更多地关注教师对专业知识的讲解而非课堂气氛。

3. 形成点评记录

评委点评是教师讲课比赛中的重要环节，也是教师及时获得反馈并进行自我修正和改进的重要手段。而现如今，这一重要的环节却成了走过场。由于点评没有做出书面记录，教师日后也没有查找的依据，所以经常是比赛结束之后就不了了之，教师很少据此做出修正和改进。因此，为了能使讲课比赛发挥更大的督促作用，学校有必要要求评委在比赛过程中对每位参赛教师所存在的问题做出书面记录，并在比赛结束之后交由被点评的教师。此外，在评委选择后，学校还应该充分考虑评委构成的合理性，以保证点评的权威性和信服力，具体来说评委会成员，应包括本学科专家、教学督导组专家以及学校的教学名师等。

4. 加大先进奖励的力度

许多高校在教师讲课比赛的前期都进行过精心的策划和准备，比赛过程也是轰轰烈烈，而在比赛之后却销声匿迹，忽视了对获奖教师的奖励和宣传。据调查，大多数高校对于讲课比赛获奖教师的奖励还是比较少的。若没有发放物质上的奖励，会在一定程度上挫伤教师的参赛积极性，因此，为了鼓励广大教师积极投身教学工作，学校应该加大对先进典型的奖励力度，物质奖励与精神奖励并举。一方面提高物质奖励标准，另一方面给予获奖教师持续的精神鼓励。比如，学校可以请获奖教师为参加岗前培训的教师上示范课，可以在每年的教师节和年终总结时对获奖教师进行表彰，让他们将此作为一种荣誉，形成好的教学习惯，并带动其他教师的教学积极性，形成良好的教学氛围。

### （三）个性化的教师培训

教师培训是促进高校教师专业发展的传统方式之一，也是目前高校在教师教育领域普遍推行的一种方式。作为常规的教师专业发展方式，教师培训是有效提高教师专业发展水平的重要手段。改革开放以来，我国逐步建立起了高校教师培训与交流三级体系，并在高校教师培训的制度建设、机构建设、网络建设以及培训内容和形式的创新方面取得了一定的成就。但与此同时，高校教师培训体系也面临着一系列待解决的问题。比如，各个学校在教师培训开展过程中往往存在着学历主义的倾向，对教育培训缺乏系统、科学和长期的规划。培训大都根据教师的职务来确定其范围和形式，很少考虑教师的个性化需求，也很少给予教师实践训练的机会等。

高校教师专业发展与中小学教师专业发展的根本区别在于：高校教师从事的是一种学术职业。学术职业的特殊要求以及本身较高的文化层次、审美倾向和社会责任感，使高校教师具有更强的独立、自律和内控的自我意识。高校教师具有自我安排学习计划、自我选择培训内容、自主参与组织管理和自我评价的能力，也更希望采取民主化、参与式的培训方法。因此，为了使高校教师培训能够更好地满足高校教师需求、为教师专业发展服务，在培训过程中，有必要根据教师不同的专业发展层次对教师进行明确的区分。每个层次教师要学习哪些课程、通过哪些途径、达到什么样的目标，都应该是清楚明确的。

教师专业发展划分为三个层次，分别是掌握学科知识层次、探究学科智慧层次以及体悟学科创新层次。其中掌握学科知识是基础层次，探究学科智慧是提高层次，体悟学科创新是更高层次。首先，对于基础层次的教师，确定学科方向、学习和应用学科理论、学会设计教学和组织课堂是非常重要的。因此，高校可以根据这一层次教师的专业发展特点，有计划地组织这些教师进行单科进修，做访问学者，参加短期研讨班、讲习班等，着重开拓他们的视野，提高他们的教学技能。其次，对于提高层次的教师，他们一般已经积累了相当的专业知识和教育教学经验，他们参加培训的目的是获得更好的专业发展前景或达到更高的个人成就。因此，对于这一层次的教师，高校要根据不同的个人特点和需求为他们提供出国留学、参加企业实践、参与国际学术交流等高层次的培训机会。最后，对于更高层次的教师，他们往往已经处于专业发展的顶峰时期。针对这一层次教师开展的培训应该定位在"引导"上，引导这部分教师逐步将工作的兴趣点转移到对青年教师专业发展的指导上。在传授青年教师教学技巧，带领青年教师开展科研活动的同时，他们的个人能力也将得到更大的发挥。

## 五、高校教师专业发展的内部动力

### （一）增强自主专业发展意识

高校教师专业发展的逻辑起点在于教师的自主专业发展意识。在高校教师专业发展问题上，教师作为发展的主体其个人的自主发展意识是决定发展能否实现的关键性因素。对于缺乏自主专业发展意识的教师，再好的环境也不会自动转化为教师的发展，而对于主动追求专业发展的教师，他们总会拓展出更大的专业发展空间。从我国高校教师专业发展的实践来看，高校教师大体上是一种"自然成熟"的专业发展路径，专业发展意识的欠缺严重阻碍了高校教师专业发展的进程。因此，高校教师必须增强自主专业发展意识，做到能够理智地复现自己、筹划未来的自我以及控制今日的行为。高校教师要增强自主专业发展意识，就必须对教师专业发展理论有深入的理解。因为教师对专业发展所持的价值观、认同感等一些因素影响甚至决定着教师的专业发展需要和意识。高校教师专业发展过程是教师职业专长的成长过程，是教师作为一名受教育者、学习者的终身学习过程，也是高校教师的使命完善过程。因此，高校教师必须在认真学习、理解并认同教师专业发展理论的基础上，提高自身的专业发展意识和能力。规划意识是教师自主专业发展意识的核心内容。教师提高自主专业发展意识的另一重要方面是要学习如何制订专业发展规划。专业发展规划是教师本人对专业发展各个方面和各个阶段进行的设想和计划，是引导和监控教师专业发展的参照框架。

具体来说，教师专业发展规划的内容应包括自我分析、环境分析、目标确立以及策略选择四个方面。首先，教师专业发展是教师专业水平的提升过程，更是教师了解、丰富和完善自我的过程。因此，教师只有对自己的能力、兴趣和需要等个性因素进行全面分析，充分地认识和评价自我才能更好地确定自身的专业发展起点和目标。其次，对环境的分析有助于教师把握专业发展的方向以及抓住专业发展机会。环境分析的具体做法是分析学校、学生和自身的需求以及三者对教师专业发展的要求，分析教师专业发展的资源条件，包括环境可提供哪些资源、如何获得这些资源以及获得这些资源所要付出的成本等。再次，教师专业发展规划必须要有具体明确的目标。目标的确立形成了教师专业发展愿景，并可以为专业发展提供有效的激励。最后，策略选择是决定教师专业发展规划能否实现的重要环节。教师专业发展目标确立以后，教师就要设计并安排专业发展的内容和活动，形成一系列合理、可行的行动方案。

### （二）通过教学反思提升教育智慧

反思着眼于教师的内省，是教师对自己教育教学行为进行评价，找出得失，明确方向，从而确定新的行为选择的思维活动。教学反思是使教师的教学参与更为主动、专业发展更为积极的手段和工具之一，也是当代衡量优秀教师的重要标准。教育智慧是高校教师在从事教学、科研以及社会服务的过程中，通过不断地感悟和反思，逐步形成的对高等教育工作的规律性把握、创造性驾驭、敏锐的反应和灵活应对的综合能力。教育智慧的形成是一个逐步积累的过程，只有对教育工作有深刻的认识，有足够的专业知识并且善于在教育实践中不断反思的教师才能够获得教育智慧的提升。教育智慧是教师走向成熟和卓越的催化剂，因此，教师在进行教学技能训练的同时还必须对这些行为进行思考，不仅要成为"技术熟练者"，更要成为"反思实践者"。

教师可以通过"四个镜头"来观察、批判、反思自己的教学。这四个镜头分别是：教师的教学日志、学生的反馈、同事的感受以及理论文献。这实际上是教师从不同角度进行全面反思的过程：从自身的教学经历中反观自己，从学生的反馈中审视自己，从同事的感受中检查自己，从理论的解读中反省自己。

　　教学反思的方法多种多样，具体包括写反思日记、撰写教育案例、教育叙事研究、教后日记、开展行动研究等。教师具体采用哪种方式进行教学反思还要因人而异。随着反思活动的不断深入，教师的个人反思会向集体反思发展。集体反思主要融合在高校的校本教研活动之中，主要包括反思对话、相互观摩、集体叙事、点评反思日记等形式。集体反思追求多种观点的共享与共识，有助于集体智慧的发挥，提高了反思的水平，是更高层次的教学反思活动。

　　在教学反思的内容上，不同专业发展阶段的教师，反思的侧重点也不同。首先，对于新手型教师，由于这类教师的主要问题在于缺少教学实践经验，因此，反思的重点应该放在如何提高教育教学技能上面。其次，对于适应型教师，由于这类教师在教学方法和策略方面的知识与经验已经有所提高，而所存在的问题在于对教学情境的区分和辨别能力还比较有限。因此，这类教师的反思重点应该放在教学策略上，具体包括教学中的语言策略、组织策略、评价策略等。再次，对于成熟型教师，这类教师在长期的教学实践中已经积累了相当的经验，他们缺少的是打破传统教学模式的勇气以及对自身实践经验的总结。因此，这类教师的反思重点应该放在对教育教学理念的剖析上。最后，对于专家型教师，这类教师一般已经形成了自己独特的教学风格，且凭借他们的经验便能够准确地发现教学中的问题并找到合适的解决方法。因此，这类教师的反思主要出现在问题的结果与他们的预想不一致或者如何对高等教育工作进行规律性的把握和创造性的驾驭方面。

# 参考文献

[1]陈天文，姜立林，李敏.高校网络安全教育与管理研究[M].延吉：延边大学出版社，2022.

[2]朱松华，张颖.高校师资队伍建设与教育质量管理创新[M].长春：吉林出版集团股份有限公司，2022.

[3]邵泽义.新时代高校思想政治教育管理体系的构建研究[M].镇江：江苏大学出版社，2022.

[4]张茂红，莫逊，李颖华.高校教育管理与教学研究[M].北京：台海出版社，2022.

[5]单林波.高校教育管理体系构建研究[M].北京：首都师范大学出版社，2022.

[6]杨刚，王新，刘丹.高校教育教学与学生管理[M].长春：吉林出版集团股份有限公司，2022.

[7]李寿星.高校学生教育管理创新研究[M].北京：化学工业出版社，2022.

[8]张娉.新时期高校美育与学生教育管理研究[M].长春：吉林出版集团股份有限公司，2022.

[9]聂娟.高校学生管理的艺术[M].长春：吉林出版集团股份有限公司，2022.

[10]戚鹏，范中启.高校突发事件应急管理实务[M].北京：应急管理出版社，2022.

[11]沈佳，许晓静.基于多视角下的高校学生管理工作探究[M].北京：现代出版社，2022.

[12]张奎明.高校优秀教师教学能力发展研究[M].济南：山东大学出版社，2021.

[13]李臻，顾晓园，计金标.高校教师教学能力创新与发展[M].北京：旅游教育出版社，2021.

[14]李玉萍.高校教师信息化教学能力发展研究[M].合肥：中国科学技术大学出版社，2021.

[15]张铁道，罗滨.教师研修2.0理念、路径与方法[M].北京：教育科学出版社，2021.

[16]葛文双.高校教师信息化教学能力的结构框架与培训应用研究[M].广州：广东高等教育出版社，2021.

[17]朱笑荣.高校教师教学改革创新与发展研究[M].长春：吉林大学出版社，2021.

[18]郭元祥.深度教学促进学生素养发育的教学变革[M].福州：福建教育出版社，2021.

[19]黄春霞.教师教学能力发展研究[M].延吉：延边大学出版社，2020.

[20]郝庆波，张晓楠.大数据时代高校教师教学能力提升策略研究[M].长春：吉林人民出版社，2020.

[21]徐大林.教师教学反思能力培养及其行动研究[M].成都：电子科学技术大学出版社，2020.

[22]王贵林，林浩亮，史芸.教学型大学教师专业发展研究[M].长春：东北师范大学出版社，2020.